VIVIAN MARY PUDELKO

Darf ich das?

WIE SELBSTFÜRSORGE IM ALLTAG GELINGT

Mit Illustrationen von S.R. Ayers

Inhalt

Einleitung	**5**
Selbstfürsorge – was ist das?	**9**
Mein Körper – mein Anker	**31**
Achtsamkeit	**61**
Selbstmitgefühl	**83**
Ressourcen	**107**
Resilienz	**129**
Hindernisse in der Selbstfürsorge und der Wert sich von anderen umsorgen zu lassen	**151**
Ausblick	**177**
Danke	**179**
Literaturverzeichnis	**180**
Weiterführende Literatur	**184**

„Schokolade löst keine Probleme,
aber das tut ein Apfel auch nicht."

(Unbekannt)

Einleitung

Schön, dass du mein Buch in deinen Händen hältst und wir uns gemeinsam auf diese Reise begeben. Dieses Buch möge Selbstfürsorge zum Anfassen für dich sein, für ein Mehr an analogen und für ein Weniger an digitalen Zeiten. Es ist mir ein Anliegen, mit diesem Buch einen Begleiter für deinen Alltag zu schaffen, mögen dich meine Worte also aufmuntern, trösten, beruhigen oder inspirieren. Vielleicht helfen sie dir auch, mehr im Alltag zu dir zu finden und einen Moment innezuhalten.

Viele Jahre lang habe ich als Musiktherapeutin in ganz unterschiedlichen Bereichen gearbeitet: in Einrichtungen für Menschen mit besonderen Bedürfnissen, im Senioren- und Pflegeheim, mit kleinen Kindern und in der Psychiatrie. Gleichzeitig praktizierte ich aber auch immer als Yogalehrerin, unterrichtete Yoga und Meditation in Kursen oder Workshops.

Die längste Zeit am Stück verbrachte ich als Musiktherapeutin auf der Akutstation einer Psychiatrie. Es war eine herausfordernde und zugleich sehr berührende und schöne Arbeit. Dort kamen ausschließlich Menschen in Krisensituationen hin, daher lag immer ein gewisses Maß an Anspannung in der Luft. In diesem überaus intensiven Berufsalltag sicherte meine persönliche Yogapraxis, sowohl zu Hause als auch am Arbeitsplatz, damals mein Überleben, wie es die Musiktherapeutin Mary Priestley 1983 so gut formulierte. Yoga half mir, die Balance zwischen großer Anspannung und Entspannung zu suchen, zu finden und auch zu halten. So zählt meine Arbeit auf der psychiatrischen Akutstation heute mit zu den schönsten Jahren, die ich als Musiktherapeutin in einem freudvollen, inspirierenden Team gearbeitet habe. Rückblickend war Yoga also *meine* Selbstfürsorgestrategie.

Im Rahmen einer Masterarbeit an der Zürcher Hochschule der Künste (Pudelko 2014) befasste ich mich Jahre später intensiv mit dem Thema der Selbstfürsorge. Ich fragte mich, was andere in der Psychiatrie arbeitende Menschen für ihre Selbstfürsorge im Alltag wohl täten. Was sie sowohl in ihrer Freizeit als auch während der Arbeitszeit machten? Diese intensive Auseinandersetzung mit dem Thema der Selbstfürsorge ließ meine inneren Rollen der Musiktherapeutin und der Yogalehrerin zusammenwachsen – und die Selbstfürsorge wurde in all ihrer Vielfalt schließlich zu meinem unternehmerischen Schwerpunkt.

Inzwischen begeistert mich in meinen Seminaren mit Student*innen, Mitarbeiter*innen aus Kliniken und anderen Institutionen, wenn ich erfahre und erlebe, was den Einzelnen im Trubel des Alltags dabei hilft, sich zu entspannen, Kraft zu schöpfen und zu sich zu kommen. Eine überaus individuelle Angelegenheit!

Auch nach vielen Jahren der intensiven Auseinandersetzung mit der Selbstfürsorge spaziere ich nicht durchgehend glücklich, entspannt und geerdet durch mein Leben. Ich realisiere vielmehr von Tag zu Tag, dass die Fähigkeit, auf sich selbst zu schauen und den eigenen Bedürfnissen gegenüber aufmerksam zu bleiben, eines lebenslangen Prozesses bedarf. Aber keine Sorge, denn es ist ein wunderbarer Prozess, der mithilfe von theoretischem Wissen, kleinen Übungen, Impulsen und Tools im Alltag unterstützt werden kann – die ich dir hier in diesem Buch vorstellen werde.

Am Herzen liegt mir, dass du deinen Stress reduzieren kannst, und dies ohne Ausrufezeichen, also ohne Druck oder Spannung. Das Ganze soll vielmehr so ablaufen, wie das Leben nun mal gebaut ist: mit viel Zeit. Denn Selbstfürsorge ist in erster Linie eine längere Entwicklung, wie gesagt, sogar ein lebenslanger Prozess. Gestehe dir also diese Zeit zu, die Zeit für einen inneren Wandel, für das, was neu wachsen mag.

Und das Schöne daran? Du kannst genau hier anfangen. Hier, jetzt und mittendrin. Dort, wo du jetzt stehst. In deinem Umfeld und mit den Menschen, die dich umgeben. Beginne, dich wieder mehr wahrzunehmen mit all deinen Bedürfnissen und Wünschen, mit deinen Vorstellungen und Plänen. Gib' ihnen und dir (mehr) Raum im Alltag!

Falls du allerdings das Problem hast, dass du dich nur noch schwer spüren kannst und das Gefühl hast, dass das Leben mit seinen Forderungen und Erwartungen endlos über dich hereinbricht, dann braucht es eine Auszeit. Sei es eine Reise, ein Kurzurlaub, ein begleiteter Rückzug. Frische Luft, räumlicher Abstand zum Alltag, eine andere Umgebung. Einfach Zeit für dich. Manchmal braucht es darüber hinaus auch professionelle Hilfe. Bitte wende dich dann an eine/n kompetente/n Therapeut*in.

Jedes Kapitel beginnt mit einer ausladenden Einführung in das jeweilige Thema. Wichtig war mir, diese wissenschaftlich begründeten Inhalte in lockere und leicht verständliche Worte zu fassen. Die vielen, kleinen Erzählungen aus meinem Alltag, die sich in jedem Kapitel an die Einführung anschließen, sind im Laufe der letzten sieben Jahre entstanden, in denen ich mich öffentlich schreibend mit dem Thema der Selbstfürsorge beschäftigt habe.

In dieser Zeit ist viel passiert. Daher erzähle ich aus unterschiedlichen Perspektiven von der Selbstfürsorge im Alltag: als Mutter zweier Kinder, als Unternehmensgründerin, dann als Mutter dreier Kinder und als Selbstständige. Schließlich als Mensch in einer Krise, einem daraus folgenden jahrelangen Umbruch und einem gefühlt kompletten Neustart ins Leben.

Im gesamten Buch findest du viele umsetzbare Impulse, denn das Wesentliche ist: Du darfst deine eigene Erfahrung machen und überprüfen, ob und was von dem Geschriebenen für dein gegenwärtiges Leben relevant oder wahr ist. Du kannst also direkt in das Buch auf den dafür zur Verfügung gestellten Seiten hineinschreiben oder dir separat Notizen machen. Am meisten wirst du von den Gedanken hier profitieren, wenn du immer wieder innehältst und deine Impulse für dich zu Papier bringst.

Am Ende jedes Kapitels habe ich konkrete Tipps aufgeschrieben, aber diese sind in erster Linie eben nur das: Tipps. Sachen, Ideen, Übungen, die *mir* persönlich guttun und gut getan haben. Du wirst diese auf deine Art und Weise erleben. Probiere sie aus, sortiere dann aus, was sich nicht gut anfühlt, und behalte das, was für dich stimmig ist. Das kannst du dann in deinen Alltag integrieren. Wenn es passt, wird es dich mit einem Gefühl der Freude und Leichtigkeit erfüllen.

Lass deine Selbstfürsorge wachsen. Lass dich wachsen. Im Hier und Jetzt. Wir dürfen wieder lernen, uns Zeit zu geben, zu nehmen, Zeit für das Schöne im Leben einzufordern. Vergiss dabei nicht: Veränderungen brauchen Zeit. Sie brauchen Geduld und ganz viel Wärme. Und Liebe. Vor allem Liebe für dich selbst.

„Das Leben ist eben nun mal nicht immer gut, es ist polar organisiert. Es macht einen unglücklich, andauernd zu versuchen, das Wohlgefühl zu maximieren. Denn daran werden wir immer scheitern. Wir bewegen uns zwischen Gegensätzen: Erfolg und Misserfolg, Lust und Schmerz, Beschleunigung und Entschleunigung, Beharrung und Veränderung, Zufriedenheit und Unzufriedenheit. Es gibt kein Leben, das nur auf der einen Seite angesiedelt ist. Zweck einer Lebenskunst kann nur sein, dafür zu sorgen, dass wir auch mit den negativ empfundenen Seiten gut zurechtkommen."

Wilhelm Schmid (2018, S. 97)

Selbstfürsorge – was ist das?

„Eine super Sache, die du da machst mit der Selbstvorsorge. Ähm … Selbstversorger. Oder wie nennst du das nochmal? Selbst… führung?" – Ich nenne das Selbstfürsorge!

Immer wieder ist es mir eine große Freude, welche Bezeichnungen meine Mitmenschen, denen ich vor inzwischen acht Jahren von meiner Forschungsarbeit über Selbstfürsorge und meinem Vorhaben, mich mit diesen inspirierenden Inhalten selbstständig zu machen, erzählt habe, für diesen Bereich gefunden haben. *Selbst-für-sorge*? Das war damals wirklich noch ein Fremdwort, was es für viele aber heute nicht mehr ist. Zudem sind Selbstversorger, Selbstvorsorge und auch die Selbstführung letztendlich auch Aspekte der Selbstfürsorge.

Selbstfürsorge – ein Wort für einen ganz natürlichen Prozess, für eine uns vielleicht angeborene Fähigkeit? So zu leben und so zu handeln, wie es unserem Überleben, unserem Wohlergehen, unserem inneren Streben entspricht. Ja, so wie damals, als wir das Licht der Welt erblickten: Als Babys schreien wir, wenn uns zu kalt oder zu warm ist. Wir melden uns, wenn wir Hunger oder Durst haben. Ja, und wir senden deutliche Signale, wenn wir körperliche Nähe brauchen. Laut und anhaltend, bis wir (hoffentlich) gehört und wahrgenommen werden. Zu Beginn des Lebens ist es unser Überlebenstrieb, aber wir verlernen im Laufe des Lebens, unsere Bedürfnisse klar zu äußern. Dafür gibt es unterschiedliche Gründe: Manchmal glauben wir, unser Gegenüber könnte uns unsere Bedürfnisse von den Augen ablesen. Oder wir sind vielleicht oft auf Ablehnung gestoßen, wenn wir unsere Wünsche geäußert haben. Teilweise wissen wir eigentlich nicht, was wir wollen und brauchen. Die Gründe können also ganz vielfältiger Natur sein.

Selbstfürsorge wird von Jahr zu Jahr populärer. Das Wort klingt zwar immer noch etwas befremdlich, scheint aber etwas Gutes zu verheißen. Häufig taucht es im Zusammenhang mit dem Begriff Wellness auf und steht so zunächst einmal mit körperlichem Wohlbefinden in Verbindung. Bilder von einer Therme, Sauna, Massage drängen sich dabei in den Vordergrund. Und ja, ein Thermenbesuch oder eine Massage als kleine Auszeit vom Alltag kann ein sehr selbstfürsorglicher Akt sein – muss er aber nicht. Es sich auf der äußerlichen, körperlichen Ebene gut gehen zu lassen, ist bereits ein Teil der Selbstfürsorge, doch langfristig vermag sie, viel tiefer in unsere Persönlichkeitsschichten zu gehen.

Betrachten wir also zunächst den Begriff und dessen Hintergrund. Hier kommt meine absolute Lieblingsdefinition von Selbstfürsorge ins Spiel, die bereits vor über 20 Jahren (!) vom Schweizer Psychiater und Psychoanalytiker Joachim Küchenhoff in seinem Kapitel „Die Fähigkeit zur Selbstfürsorge – die seelischen Voraussetzungen" formuliert wurde:

„[...] die Fähigkeit mit sich gut umzugehen, zu sich selbst gut zu sein, sich zu schützen und nach sich selbst zu schauen, die eigenen Bedürfnisse zu berücksichtigen, Belastungen richtig einzuschätzen, sich nicht zu überfordern oder sensibel auf Überforderungen zu bleiben." (1999, S. 151)

Mir gefällt, dass Küchenhoff die Selbstfürsorge als eine *Fähigkeit* bezeichnet. Das heißt, wir haben diese möglicherweise bereits in unserem Alltag oder in uns angelegt, wir können sie weiter ausbauen oder – für mich der fast wichtigste Aspekt: Wir können sie erlernen. Selbstfürsorge ist also eine Fähigkeit, die wir besitzen, entwickeln oder immer weiter verfeinern können.

In meinen Seminaren oder Coachings betone ich gern auch den letzten Teil dieser Definition: „sensibel auf Überforderungen zu bleiben". Überforderungen sind an sich nichts Schlechtes. An unsere Grenzen zu kommen und phasenweise auch über unsere Grenzen hinauszugehen, ist Teil unseres Daseins als Menschen. Uns auszuprobieren, neue Erfahrungen zu machen, etwas zu riskieren – all das gehört zum Leben dazu. Gefühle der Überforderung sind somit völlig natürlich. Dennoch dürfen wir eine Sensibilität für diese Momente der persönlichen Überforderung entwickeln. Unser Alltag ist oftmals angefüllt mit Anforderungen und Erwartungen, die an uns gestellt werden. Genau hier ist demnach ein guter Beginn für den Prozess der Selbstfürsorge: Wir dürfen zuerst einmal aufmerksam dafür werden, wo und wann wir uns im Alltag zu viel anstrengen, uns selbst zu viel abverlangen.

Im Rahmen meiner Forschungsarbeit habe ich damals drei Wesensmerkmale der Selbstfürsorge herausgearbeitet, die sich bis heute auch in meiner praktischen Arbeit stets bewahrheiten. Ein Stück Theorie kann hilfreich sein, zu wissen, „Ach, das betrifft nicht nur mich allein." Zu erfahren, was bereits in der Sache der

Selbstfürsorge liegt, kann uns Mühen und Anstrengungen ersparen. Ja, Theorie kann entlasten, daher mag ich von diesen drei Wesensmerkmalen nun erzählen.

Die drei Wesensmerkmale der Selbstfürsorge

Die Selbstfürsorge ist *individuell* und sie zeigt sich in ganz unterschiedlichen Formen: Was dem einen Menschen gut tut, kann für den anderen vollkommen unpassend sein. Es geht also darum, wahrzunehmen, was einem selbst guttut und Kraft spendet. Ist es vielleicht das erfrischende Bad im kühlen Wasser? Oder ein Waldspaziergang? Die bewusst gewählte Zeit für einen Kaffee oder Tee? Das Zusammensein mit Freundinnen oder Freunden? Die Zeit für sich, für den Rückzug? Vielleicht auch ein spontaner Tanz zum momentanen Lieblingssong oder doch eher das abendliche Lesen im Bett?

Ich möchte dich einladen, individuelle Möglichkeiten zu erforschen, um wieder zu dir selbst zu finden. Orte, Aktivitäten, Handlungen zu entdecken, die auf körperlicher, seelischer und/oder geistiger Ebene nährend wirken. Wenn wir wissen, was uns Halt und Kraft gibt, hilft uns dies auch in herausfordernden Zeiten ein wenig, denn wir können dann in schwierigen Momenten auf Bewährtes und Vertrautes zurückgreifen.

Die Inhalte der selbstfürsorglichen Tätigkeiten können sich abhängig von der Lebensphase, dem Alter, unseren Möglichkeiten und sogar je nach Jahreszeit ändern. Etwas, was mir diese Woche oder diesen Monat guttut, mich inspiriert, mich nährt, kann zu einem späteren Zeitpunkt einfach nicht mehr passend sein. Dies bedeutet, stets aufs Neue zu überprüfen, was dir guttut, und was aber nicht.

Das bringt mich zum zweiten Wesensmerkmal der Selbstfürsorge: Sie ist nichts, womit wir uns eine Zeit lang beschäftigen, um es dann als abgeschlossenes Projekt zu betrachten. Hier mal einen Vortrag besucht, dort mal an einem Wochenendseminar teilgenommen oder ein gutes Buch gelesen – und jetzt wissen wir, wie es geht. Nein, die Selbstfürsorge begleitet uns ein Leben lang. Sie ist ein Aspekt im Leben, der Aufmerksamkeit und Zeit braucht.

Es gibt die großen Zeiten der Selbstfürsorge: längere Pausen und Aktivitäten, die den eigenen Bedürfnissen entsprechen. Und es gibt die kleinen Zeiten, die Momente mitten im Alltag: beim ganz bewussten Spüren und Atmen in der U-Bahn, in einer Warteschlange an der Kasse, bei einer Tasse Kaffee oder Tee, in einem netten Zwiegespräch mit einer Kollegin, im geschlossenen Raum der Toilette und so weiter. Das sind die kleinen Aktivitäten, die dir wichtig sind, die dir Freude und Kraft schenken. Momente, die Ruhe und Entspannung in dein Leben bringen.

Es braucht Zeiten im Alltag, die bewusst für die Selbstfürsorge reserviert sind.

Manchmal müssen wir mit aller Kraft an diesen, uns selbst versprochenen Aktivitäten und Handlungen *festhalten*, entgegen allem äußeren Druck und den Erwartungen unserer Mitmenschen. Gleichzeitig sollte sich aber auch keine Routine in diese Handlungen einschleichen: Selbstfürsorge als weiterer abzuhakender Punkt im Alltagsplan? Bitte nicht, denn in manchen Momenten ist es viel selbstfürsorglicher, geplante Selbstfürsorge-Zeiten zu streichen, zu verschieben oder bewusst durch etwas anderes zu ersetzen. Möglicherweise geht es darum, im Sinne der Selbstfürsorge bestimmte Aufgaben zu erledigen, weiter zu arbeiten, an etwas dranzubleiben.

Selbstfürsorge bedeutet also einen *lebenslangen* Prozess: Dementsprechend viel Zeit dürfen wir uns zugestehen, um eine Haltung von mehr Geduld, Nachsicht und Verständnis für uns selbst zu entwickeln. Viel Zeit, um uns immer mehr eigene Räume zu schaffen und zu erobern, um immer mehr die Aspekte im Alltag zu leben, die uns am Herzen liegen.

Die Schweizer Psychotherapeutin Eva Kaul bekräftigt in ihrem Artikel „Selbstfürsorge – von der Philosophie zur Praxis": Selbstfürsorge sei

„kein Ziel [...], das wir irgendwann erreicht haben, sondern ein Wert, der uns eine Richtung vorgibt, Tag für Tag. Immer wieder können wir uns fragen: Wie kann ich unter den gegebenen Umständen mit all den äußeren und inneren Hemmnissen mein Leben diesem Wert entsprechend gestalten?" (2012, S. 5)

Es geht also nicht darum, irgendwohin zu gelangen, irgendwann anzukommen, sondern im Hier und Jetzt anzusetzen. Täglich. Das klingt anstrengend? Muss es nicht, kann es aber zwischendurch sein. Denn wir erobern uns neue Räume und Möglichkeiten. Das braucht Kraft, die allerdings auf ein Vielfaches wieder zu uns zurückkommt. Versprochen!

Das dritte und letzte Wesensmerkmal beinhaltet die innere Legitimierung oder einfacher ausgedrückt: die *innere Erlaubnis*. Darf ich einen kurzen Spaziergang machen, bevor ich meiner Arbeit am Schreibtisch nachgehe? Darf ich während einer wichtigen Besprechung aufstehen und auf die Toilette gehen, um dort in

Ruhe einen Moment durchzuatmen? Darf ich mich mittags für ein kleines Schläfchen hinlegen? Darf ich genussvoll ein großes Stück Schokoladentorte essen? Darf ich mein Kind eine Stunde später als normalerweise aus dem Kindergarten abholen, um noch in Ruhe in einem Café zu sitzen? Darf ich die Verabredung mit einem Freund kurzfristig absagen, weil mir heute gar nicht danach ist? Darf ich mein Handy für mehrere Stunden oder gar einen ganzen Tag ausmachen? Darf ich das? *Was* darf ich eigentlich? Und wenn *ich* es nicht weiß – wer sagt es mir dann?

All diese Fragen sind Ausdruck der inneren Legitimierung, die sich in der einfachen, aber häufig so tiefgehenden Frage äußert: Darf ich das? Wir sind erwachsene Menschen. Wir dürfen über die Erfüllung unserer Bedürfnisse und Wünsche selbst entscheiden. Wie schön! Aber das ist oft gar nicht so einfach. Denn diese innere Legitimierung kann uns dabei immer wieder in die Quere kommen, wenn sich die eigenen Bedürfnisse und Wünsche melden. Wie eine von innen kommende Stimme zensiert sie (meist unbewusst) unsere Wünsche bereits im Ansatz. Oder sie schiebt diese einfach zur Seite, wenn sie nicht in unser sonstiges Selbst-, Tages- oder Lebenskonzept passen.

Die innere Legitimierung ist ein weiterer wichtiger Teil der Selbstfürsorge. Die frühen Beziehungserfahrungen beeinflussen den Umgang mit sich selbst und sind maßgeblich an der Ausbildung dieser inneren Stimme beteiligt. Auch unsere gegenwärtigen Beziehungen, zu Freund*innen, Partner*innen, Arbeitskolleg*innen, können uns Möglichkeiten für Selbstfürsorge schenken – oder verwehren.

Die Musiktherapeutin Stefanie Hoffmann beschreibt in ihrer wissenschaftlichen Diplomarbeit *Selbstfürsorge und ihre Bedeutung für die musiktherapeutische Haltung* (2010), wie schwer und manchmal unmöglich es die frühkindlichen verinnerlichten Werte und Verhaltensnormen machen, sich den eigenen Bedürfnissen und Wünschen zuzuwenden. Diese individuellen und sozialen Prägungen, die uns in und durch unser Leben begleiten, scheinen wesentlich für den Zugang zur Selbstfürsorge, zu sich selbst umsorgenden Handlungen, zu sein. Das kann uns traurig machen oder auch wütend, vielleicht sind wir davon auch irritiert oder verzweifelt. Daher möchte ich hier wieder einmal daran erinnern, dass wir unsere Fähigkeit zur Selbstfürsorge üben und trainieren können, und das, wie wir schon wissen: ein Leben lang! Wie wir aufgewachsen sind und was wir bisher in unseren Leben erlebt haben, ist ein wichtiger Teil, doch genauso haben wir jederzeit die Möglichkeit, neue und andere Verhaltensweisen auszuprobieren und zu erlernen.

Das bedeutet: Es wird zentral, sich selbst unablässig die innere Erlaubnis auszusprechen, für sich sorgen zu dürfen, sich selbst wichtig zu nehmen und den eigenen Bedürfnissen genügend Raum im Alltag zu geben. Gerade dann, wenn das Umfeld so gar nicht mit unseren Vorstellungen, Wünschen und Bedürfnissen übereinstimmt. Die Kernfrage „Darf ich das?" erfordert somit lebenslangen persönlichen Einsatz, und wir dürfen sie stets mit einem kraftvollen, bestärkenden, manchmal auch warmen, beruhigenden Ja beantworten.

> **Es ist eine Herausforderung, auch dann für uns zu sorgen, wenn die Mitmenschen unsere Handlungen und Impulse nicht teilen, abwerten oder sogar ablehnen. Dir unter diesen erschwerten Bedingungen dennoch zuzugestehen, für dich sorgen zu dürfen und deine eigenen Bedürfnisse zu erfüllen, kann dann aber auch sehr glücklich machen.**

Küchenhoff spricht in Bezug auf die innere Legitimierung von einem „Ringen" um diese Haltung, die gebunden sei an die „Fähigkeit zur Abgrenzung, zur Behauptung, aber auch (an) die Möglichkeit, andere Menschen mit ihren eigenen Vorstellungen, Wünschen und Bedürfnissen akzeptieren zu können" (1999, S. 161–162).

Wir weiten den inneren und äußeren Raum für uns selbst aus, müssen ihn aber auch unseren Mitmenschen zugestehen. Zum einen geht es also darum, für die eigenen Bedürfnisse und Wünsche einzustehen und sich klar von den Erwartungen und Ansprüchen des Freundeskreises, der Familie, des Kolleg*innenkreises abzugrenzen. Zum anderen wirkt aber auch auf unsere innere Legitimierung ein, inwiefern wir mehr Toleranz gegenüber unseren Mitmenschen entwickeln, indem wir lernen, deren Bedürfnisse und Wünsche wahrzunehmen und zu akzeptieren. Wir weiten also den inneren und äußeren Raum für uns selbst aus und müssen ihn auch unseren Mitmenschen zugestehen.

> **Drei Wesensmerkmale der Selbstfürsorge:**
> **Sie ist individuell, bedeutet einen lebenslangen Prozess und braucht die innere Erlaubnis.**

IMPULS FÜR DICH:
DEINE INNERE ERLAUBNIS

Welche Fragen stellst du dir innerlich im Alltag, wenn es um deine Impulse geht? In welchen Situationen wirst du unsicher, wie du dich verhalten darfst, wenn deine eigenen Wünsche sich stärker regen? Was irritiert dich momentan am meisten?

PLATZ FÜR DEINE GEDANKEN, WÜNSCHE UND ZEICHNUNGEN

Die fünf Ebenen der Selbstfürsorge

Wir können sehr individuell für uns sorgen, wir können dies aber auch auf verschiedenen Ebenen des Seins tun. Die Sozialpädagogin/Coach Gandhera Brechbühl und die Psychotherapeutin Silvia Pfeifer-Burri sprechen in ihrem Artikel „Warum Selbstfürsorge so wichtig ist und uns dennoch oft schwerfällt" (2012) von fünf Ebenen der Selbstfürsorge: der körperlichen, der emotionalen, der kognitiven, der sozialen und der spirituellen Ebene.

1 Selbstfürsorge auf der *körperlichen Ebene* bezieht sich auf den Schlaf, das Essen und Trinken sowie auf die Bewegung. Es gilt zu schauen, wie unser persönliches Schlafbedürfnis aussieht und wie wir uns so ernähren können, dass es uns guttut und sich gut anfühlt. Zusätzlich dürfen wir für ausreichend Pausen und Bewegung sorgen. Wichtig ist, dass die ausgeführte Bewegung uns Freude bereitet, also zu uns selbst passt. Da gibt es ein großes Spektrum an Bewegungsmöglichkeiten: Spaziergänge, Laufen, Tanzen, Schwimmen, Yogaübungen, Fußball spielen mit den (Enkel-)Kindern, bis hin zum Treppensteigen oder Gehen von Umwegen.

IMPULS FÜR DICH: DIE KÖRPERLICHE EBENE

Achte ich auf die Signale meines Körpers? Nehme ich regelmäßig Mahlzeiten zu mir? Trinke ich genug? Bewege ich mich ausreichend? Nehme ich mir Zeit für Entspannung? Mache ich genügend Pausen im Alltag? Mache ich Urlaub? Sorge ich für genug Schlaf? Erlaube ich mir im Krankheitsfall, zu Hause zu bleiben?

PLATZ FÜR DEINE GEDANKEN, WÜNSCHE UND ZEICHNUNGEN

2 Selbstfürsorge auf der *emotionalen Ebene* meint, dass wir unsere eigenen Gefühle wahrnehmen und ausdrücken. Die emotionale Selbstfürsorge beinhaltet auch, sich Zeit für Menschen zu nehmen, die uns persönlich wichtig sind und uns gut tun. Es bedeutet sich im Alltag Zeit für sich selbst zu nehmen und vor allem auch Zeit für Genuss und Freude zu finden.

IMPULS FÜR DICH:
DIE EMOTIONALE EBENE

Nehme ich meine Gefühle wahr? Gebe ich meinen eigenen Gefühlen genügend Raum? Erlaube ich mir, meine Gefühle auszudrücken: Ärger, Wut, Trauer, Liebe, Freude, gute Laune, Humor?

Verbringe ich Zeit mit anderen Menschen und pflege persönliche, wichtige Beziehungen zu anderen? Habe ich in meinem momentanen Leben Möglichkeiten zum Lachen und zur Lebensfreude? Nehme ich mir Zeit für das, was mir Spaß macht? Sorge ich für Zeit, um allein zu sein? Habe ich Zeit zum Genießen? Zum Feiern? Für meine Lieblingsfilme, Lieblingsmusik und meine Lieblingsbücher?

PLATZ FÜR DEINE GEDANKEN, WÜNSCHE UND ZEICHNUNGEN

3 Selbstfürsorge auf der *kognitiven Ebene* bezieht sich auf einen wertschätzenden Umgang mit unseren Gedanken, Haltungen und Meinungen. Wir schenken uns Zeit zur Reflexion und begegnen uns in unseren Gedanken respektvoll. Gleichzeitig geht es aber auch darum, sich geistig Pausen zu schenken und weder zu unter- noch zu überfordern. Das vielbeliebte Multitasking unserer Zeit ist ein wunderbares Übungsfeld, bei dem wir regelmäßig ansetzen können, um immer wieder geistig zu entschlacken, indem wir zum Beispiel das Handy zeitweise beiseite legen oder ganz im gegenwärtigen Erleben sind, also: im Gespräch, beim Kochen, im öffentlichen Nahverkehr oder auf der Toilette. Auf die gleiche Weise können wir uns dann bewusste, fokussierte Handyzeiten schenken.

IMPULS FÜR DICH: DIE KOGNITIVE EBENE

Nehme ich mir Zeit zum Nachdenken und zum Reflektieren? Schreibe ich Tagebuch? Bin ich gegenüber mir selbst wertschätzend? Schenke ich mir selbst auch immer wieder Anerkennung?

Wie sieht mein Umgang mit dem Handy aus? Fühle ich mich teilweise davon bedrängt oder überfordert? Oder genieße ich auch die Möglichkeiten, mich auf digitalem Weg zu vernetzen und zu informieren?

Suche ich geistige Herausforderungen? Gibt es in meinem Alltag genügend Raum für mentale Inspiration? Achte ich auch darauf, mich geistig nicht zu überfordern?

PLATZ FÜR DEINE GEDANKEN, WÜNSCHE UND ZEICHNUNGEN

4 Selbstfürsorge auf der *sozialen Ebene* beinhaltet das Zusammensein mit anderen Menschen in einem Maß und einer Qualität, die uns guttut. Es geht um soziale Kontakte im Alltag und die Zeit für gemeinsame Erlebnisse. Unsere Bedürfnisse bezüglich des sozialen Zusammenseins ändern sich im Laufe unseres Lebens bzw. je nach Gemütslage und Lebenssituation. Genauso meint Selbstfürsorge in diesem Bereich aber auch, auftretende oder empfundene Konflikte im Miteinander anzusprechen und zu klären.

IMPULS FÜR DICH:
DIE SOZIALE EBENE

Gibt es Zeit für das Zusammensein mit anderen Menschen? Nehme ich mir Zeit für kleine Begegnungen zwischendurch, für das Führen eines Telefonats, das Schreiben einer persönlichen Nachricht, einer E-Mail oder vielleicht auch mal ganz in Ruhe einen Brief?

Spreche ich Konflikte an und kläre diese? Stehe ich im Alltag für mich selbst ein? Zeige ich anderen Menschen verschiedene Aspekte meiner Persönlichkeit?

PLATZ FÜR DEINE GEDANKEN, WÜNSCHE UND ZEICHNUNGEN

5 Selbstfürsorge auf der *spirituellen Ebene* umfasst all die Tätigkeiten oder Aspekte, die unsere Sinne weiten und das Herz zu berühren vermögen. Das können spirituelle oder religiöse Praktiken sein, genauso wie die Yoga- oder Tai-Chi-Praxis, die Shiatsu-Massage oder die Meditationspraxis. Auch das Aufhalten in der Natur wird als erhebend und berührend erlebt: der Spaziergang im Wald, das Steigen auf einen Hügel oder Berg, das Schwimmen im See oder Meer. Genauso die Literatur, also gelesene oder geschriebene Wörter, können uns beflügeln und aus dem Alltag heben. All das, was Körper, Geist und Seele weitet, darf hier als spirituell betrachtet werden. Wir können schauen, ob es ausreichend Zeit und Raum im Alltag für eben diese herzerfüllenden Aspekte gibt.

IMPULS FÜR DICH:
DIE SPIRITUELLE EBENE

Gibt es Zeit und Raum für meine persönlichen Werte im Alltag? Nehme ich mir Zeit für Yoga, Tai-Chi, Qigong oder Ähnliches? Erlebe ich Momente der Dankbarkeit? Gehe ich bewusst in die Natur – an den See, in den Wald, in die Berge, in den Park? Nehme ich mir Zeit für Meditation? Zum Innehalten?

PLATZ FÜR DEINE GEDANKEN, WÜNSCHE UND ZEICHNUNGEN

Wenn wir unsere Bedürfnisse und Wünsche wirklich regelmäßig wahrnehmen und sie erfüllen, wird allmählich die Zeit für uns selbst und somit die Aufmerksamkeit und Fürsorge sich selbst gegenüber eine ganz selbstverständliche Sache. Dann fällt es uns auch leichter, unsere Anliegen unseren Partner*innen, Kindern, Freund*innen, Kolleg*innen und unserer Familie gegenüber klarer zu formulieren.

Bis dahin müssen wir einfach weiter ausprobieren und experimentieren, was uns wichtig ist und was uns guttut. An dieser Stelle dürfen wir uns noch einmal erinnern: Selbstfürsorge ist äußerst individuell und kann von Mensch zu Mensch, von Jahr zu Jahr, ja sogar von Tag zu Tag ganz unterschiedlich ausfallen. Im Folgenden habe ich zehn Tipps für die Selbstfürsorge zum Ausprobieren entwickelt.

Zehn Tipps für die Selbstfürsorge

1. Mache einen Spaziergang. Am besten raus in die Natur, in den Wald, vielleicht auf eine kleine Anhöhe mit einer schönen Aussicht oder auch einfach durch einen Park.
2. Lege dich in die Badewanne. Ein guter Duft, gedämpftes Licht und Ruhe. Vielleicht magst du dir angenehme Musik auflegen.
3. Verabrede dich mit einem Menschen, in dessen Anwesenheit du dich einfach wohlfühlst, sodass du hinterher energiegeladen das Zusammensein verlässt. Bei dem du dich ein Stück zu Hause fühlst.
4. Suche eine Musik aus, die du gern hörst. Wähle sie am besten ohne großes Nachdenken und intuitiv aus. Mach es dir bequem und höre zu. Oder tanze.
5. Überlege dir, was du gern an einem Abend dieser Woche unternehmen magst. Ins Kino? Ins Theater oder in ein Konzert? Schwimmen und Sauna? Vielleicht magst du jemanden mitnehmen? Plane und fixiere diesen Abend.
6. Schalte für eine Weile, die du vorher festlegst (ein bis zwei Stunden, einen ganzen Abend, einen ganzen Tag lang) dein Handy aus. Klappe auch deinen Laptop zu und verstaue ihn irgendwo in der Tiefe einer Schublade. Und ja, auch das Tablet. Und dann schau, worauf du Lust hast. Was magst du machen? Es ist *deine* Zeit!
7. Geh an einem Tag dieser Woche abends früher ins Bett. Richte es dir ganz bequem ein. Natürlich, eh klar, es ist ja dein Bett! Vielleicht magst du in einem guten Buch lesen? Oder einen Podcast anhören? Vielleicht auch einfach das Licht ausmachen und einschlafen?
8. Bereite dir eine wohlschmeckende Mahlzeit zu. Ein ausgedehntes Frühstück mit allem, worauf du Lust hast. Ein warmes Abendessen, das du besonders gern magst und das möglicherweise auch etwas aufwendiger in der Zubereitung ist.
9. Nimm dir Stift und Zettel und schreibe auf, was dich momentan in deinem Leben glücklich macht. Das kann alles Mögliche sein: von der neuen Seife über die freundliche Verkäuferin, bis hin zum überstandenen Zahnarztbesuch. Aktivitäten, Menschen, Orte, Speisen, Getränke, Erinnerungen – alles, was dir spontan einfällt.
10. Komm in Bewegung. Setz dich auf dein Fahrrad, lauf los, gehe mit forschem Schritt spazieren, mach Yoga oder spiel Fußball. Komm einfach in Bewegung.

„Sich den Körper aneignen, meint, ihn von innen […] wahrnehmen lernen. […] Indem ich mich innerlich wahrnehme, nehme ich Besitz von mir, komme ich zu mir – ein langsamer, viel Geduld fordernder, oft sehr berührender Prozess, der nach und nach die kulturelle Trennung zwischen Körper, Geist und Seele durchkreuzt und verwischt."

Thea Rytz (2006, S. 18)

Mein Körper – mein Anker

Manchmal wissen wir aber gar nicht, was wir brauchen und vielleicht auch gar nicht, was uns wirklich guttut – unser Körper kann diesbezüglich aber ein guter Wegweiser sein. Wir tauchen daher jetzt etwas tiefer in den Bereich der körperlichen Ebene ein und wenden uns der Wahrnehmung unseres Körpers zu. Und wir schauen, wie wir uns täglich mit einfachen Mitteln in unserem Körper verankern können.

Unser Körper ist immer da. Wir nehmen ihn zu jedem Besuch, auf jede Reise, bei jedem Ortswechsel mit. Am Tag ist er da, in der Nacht ist er da. Wenn es uns gut geht, ist er da. Wenn es uns schlecht geht, ist er auch da. Wo wir sind, ist auch unser Körper. Und wenn er schon mal immer da ist, können wir ihn auch gleich fragen, wie es ihm geht. Denn unser Körper verrät sehr viel über unser Wohlbefinden, unser Unwohlsein, unser Zögern.

Ein grundlegendes Element der Selbstfürsorge ist die bewusste Körperwahrnehmung. Wenn wir unseren Körper spüren, haben wir eine wichtige Basis, um gut mit unseren Kräften und Energien umgehen zu lernen. Denn, wie viele von uns erleben müssen, unsere Ressourcen sind endlich. Unabhängig davon, mit wie viel Ausdauer und Kraft wir von der Natur ausgestattet wurden oder diese im Laufe unseres Lebens entwickelt haben – es gibt immer Grenzen der Belastbarkeit und des Handelns. Immer. Wie ich bereits zu Beginn des Buches erwähnt habe, sehe ich Momente oder Phasen der Überforderung als eine Eigenschaft des menschlichen Daseins. Es geht also nicht darum, dass wir uns fortwährend innerhalb eines bestimmten Radius des Wohlbefindens und der Balance befinden, sondern wir dürfen vielmehr lernen, uns auch ein Stück herauszufordern, um im Leben weiter zu gehen, um Neues zu lernen oder zu erfahren.

Manche mögen das mehr, manche weniger. Manche suchen es intensiv, manche bewegen sich lieber hauptsächlich in vertrauten, gewohnten Bahnen. Das ist völlig in Ordnung. Wir sind schließlich verschiedentlich veranlagt und brauchen unterschiedliche Dinge im Leben. Und häufig fordert uns das Leben eh heraus, ganz ohne unser Zutun. Wir kommen also unweigerlich in Momente oder Phasen der Überforderung: in zwischenmenschlichen Kontakten im Alltag, in den näheren Beziehungen zu unseren geliebten Menschen, im Zusammenleben mit Kindern, am Arbeitsplatz, im öffentlichen Raum.

Die Körperwahrnehmung unterstützt uns im Alltag darin, dass wir auf der einen Seite einen Maßstab finden, der uns spüren lässt, wann etwas zu viel ist, wir uns aber auf der anderen Seite im eigenen Körper verankern können. Uns zeigen die sogenannten „somatischen Marker", wenn uns etwas zu viel wird. Antonio Damasio beschreibt bereits Mitte der 90er-Jahre in seinem Buch *Descartes' Irrtum. Fühlen, Denken und das menschliche Gehirn*, wie sich all unsere Erlebnisse im Laufe des Lebens in einem emotionalen Erfahrungsgedächtnis einprägen. Wir können an dieser Stelle auch von angenehmen und unangenehmen Erfahrungen sprechen, die in uns abgespeichert werden. Dieses emotionale Erfahrungsgedächtnis ist eng mit körperlichen Reaktionen verbunden. Das heißt, in einer aktuellen Alltagsszene reagiert unser Körper auf der Grundlage dieser positiv oder negativ erlebten Erfahrungen. Er sendet Signale aus, aber diese somatischen Marker, also die Körpersignale, sind von Mensch zu Mensch unterschiedlich. Manche bekommen Kopfschmerzen, anderen spannt es im Nacken oder bei ihnen tauchen Bauchschmerzen auf. Vielleicht entsteht auch eine erhöhte Spannung in den Oberschenkeln, die zusammengepresst werden, oder die Körperhaltung insgesamt wird straffer und kompakter: Wir verschränken die Arme, überkreuzen die Beine und Füße, ziehen uns in uns selbst zurück. Oder haben vielleicht das Gefühl, einen regelrechten Panzer als Rücken zu haben. Die Körperempfindungen können sehr unterschiedlich ausfallen.

Wir alle haben Körperbereiche, die sensibler und anfälliger auf Stress reagieren: das empfindliche Knie, der untere Rücken, die Schulter, die Zähne, in denen es plötzlich zieht, oder auch Bauchschmerzen. Zu Beginn dürfen wir erst mal hellhörig werden für diese Botschaften – denn da meldet sich etwas in uns. Beobachten, wahrnehmen, deren Existenz akzeptieren. Auf der anderen Seite gibt es diese somatischen Marker natürlich auch, wenn wir eine Situation als positiv, belebend oder entspannend erfahren oder wenn wir an etwas Schönes denken: Eine warme, wohlige Welle breitet sich im Brustraum aus. Wir atmen tiefer in den Bauchraum. Der Körper fühlt sich insgesamt gelöster und weicher an.

Unser Körper ist also grundsätzlich ein aufrichtiger, echter Freund, wenn es darum geht, uns zu zeigen, was uns (nicht) guttut. Grundsätzlich? Naja, manchmal kann es vorkommen, dass die körperlichen Reaktionen auf bestimmte Ereignisse oder Interaktionen heftig ausfallen. Oder dass der Körper auf einmal nicht mehr spürbar ist, sich taub anfühlt oder auf eine komische Art gar nicht mehr vorhanden. Das kann äußerst beängstigend sein. Allerdings ist auch dies eine überaus wichtige Schutzfunktion unseres Körpers, die es zu respektieren gilt. Diese überschießende Körperreaktion oder auch das Taubheitsgefühl kann mit traumatisierenden Erfahrungen zusammenhängen. In einem solchen Fall braucht es besondere Aufmerksamkeit und bei Bedarf professionelle Hilfe, um sich mit einer kompetenten Unterstützung diese Situationen anzuschauen und einen guten Ort für diese Erfahrungen in sich zu finden, um weitere Reaktionen in Zukunft zu verhindern oder mit ihnen umgehen zu lernen. Im Laufe der Zeit können wir also mithilfe der bewussten Wahrnehmung unserer persönlichen Körpersignale eine größere Sensibilität für den Anstieg von innerer und körperlicher Anspannung entwickeln, um ihnen letztendlich auch entgegenwirken zu können.

Ein weiterer Aspekt der Körperwahrnehmung ist der Atem. Körperliche, mentale oder psychische Verspannungen spiegeln sich umgehend in unserem Atem wider. Der Atem wird unregelmäßig oder flacher. Vielleicht halten wir ihn sogar an. Wenn wir in diesen Momenten der Anspannung unseren Atem bewusst wahrnehmen oder sogar vertiefen, verankern wir uns im Körper. Dabei stabilisieren wir uns gleichzeitig im Inneren. Die *Bauchatmung*, auch Zwerchfellatmung genannt, spielt eine wichtige Rolle, wenn es um Entspannung und Wohlbefinden geht. Der wichtigste Atemmuskel, das Zwerchfell (Diaphragma), ist eine breite Muskelplatte und trennt den Brustraum vom Bauchraum. Es ist kuppelförmig am Brustbein, an den Rippenbögen und an den Lendenwirbeln befestigt und ein wichtiger Muskel für die Atemarbeit. Bei der Bauch- oder Zwerchfellatmung kontrahiert sich einatmend das Zwerchfell und senkt sich nach unten hin ab. Dadurch vergrößert sich der Brustraumbereich, die Lunge kann sich ausdehnen und Luft wird eingesogen. Ausatmend entspannt sich das Zwerchfell und wird kuppelförmig wieder nach oben gedrückt, es kommt zur Ausströmung der Luft.

Eine vertiefte Bauchatmung kann auf einen Zustand von Anspannung und großer innerer Erregung einwirken. Wenn uns viel durch den Kopf geht, der Geist unruhig ist und viele Gefühle in uns herumwirbeln, ist es möglich, über den Kontakt zum Atem im Bauchraum etwas Abstand zum gegenwärtigen Geschehen zu finden.

Anhand von Körperwahrnehmung und Atemgewahrsein können wir lernen, unseren Körper vermehrt von innen wahrzunehmen, auszufüllen und zu beleben. Der Begriff der *propriozeptiven Wahrnehmung* beschreibt diese Wahrnehmung von eigenen Körperreizen. Für einen Moment oder eine Weile können wir uns von dem, was in unserem Kopf vorgeht, ein Stück distanzieren und stattdessen wieder erfühlen, was in unserem Körper vor sich geht – wie dieser sich von innen anfühlt: Wo ist Spannung im Körper? Welche Bereiche im Körper fühlen sich warm, entspannt, gelöst an? Wo kann ich vielleicht derzeit überhaupt nichts wahrnehmen? Mit der Zeit kann diese Wahrnehmung immer feiner werden und sich über den ganzen Körper ausbreiten. Ja, sogar zu einem vertrauten Körpergefühl werden. Wir können zunehmend einen ausgewogenen Umgang mit den eigenen, individuellen Grenzen auf körperlicher, emotionaler und geistiger Ebene entwickeln.

Wenn wir unseren Körper mit all seinen Rufen und Reizen fühlen, können wir nach und nach auch darauf reagieren, so wie auf Spannungen und Verspannungen – mit Bewegung. Und eben nicht erst am Ende eines langen Arbeitstages oder am Ende der Woche, wenn der ganze Körper eine einzige Verspannung geworden ist, sondern jetzt bzw. in dem Moment der Wahrnehmung. Strecken und räkeln ist ein einfacher, intuitiver Vorgang, den wir in unseren Alltag integrieren können. Morgens nach dem Aufwachen, am Schreibtisch, wenn die Energie stockt, der Konzentrationspegel absinkt, am Abend vor dem Schlafengehen – strecken, räkeln, gähnen.

Ein Spaziergang von 15–20 Minuten ist eine andere Möglichkeit, Bewegung leicht und natürlich in den Tagesablauf zu integrieren. Zahlreiche Studien haben gezeigt, dass Ausdauersport Angstgefühle lindert. Menschen, die sich täglich im Freien bewegen, ziehen den größten Nutzen daraus. Doch auch nur 15 Minuten Aktivität und das zwei- oder dreimal pro Woche können die Stimmung anschließend nachhaltig heben. 15 Minuten mit dem Rad zu fahren, zu schwimmen oder zügig spazieren zu gehen, sind häufig leicht einzubauen. Mit dieser Bewegung können wir dann überschüssige Anspannungen, Ärger, Ängste für eine Weile loslassen. Und ich muss betonen: ein *Spaziergang*, also keinen Botengang zur Post oder, wo ich schon mal unterwegs bin, noch kurz in den Supermarkt oder die Bäckerei – nein, ein richtiger Spaziergang. Für den Kopf, das Herz und den Körper. Sei es durch die Straßen, einen Park, ein Stück Natur, in schnellerem oder langsamerem Tempo – wie du es eben gerade brauchst. Es ist deine Zeit.

Yoga und Selbstfürsorge

Yoga, Yoga, Yoga. Yoga überall: in Magazinen, in der Werbung, in der Wissenschaft. Von „I love yoga" bis „I absolutely hate yoga" ist inzwischen alles dabei. Yoga ist seit vielen Jahren ein beliebtes Mittel zur Entspannung und für bewusste Bewegung. Yoga ist ein Trend, aber es kann uns darüber hinaus aber auch auf unserem Lebensweg begleiten, denn Yoga ist ein komplexes, philosophisches System, ursprünglich aus Indien kommend. Hatha Yoga, der Weg des Körpers, stellt einen von mehreren Wegen im Yoga dar. Dieser Weg, der im Westen so populär geworden ist, verbindet die verschiedenen Aspekte der Körperwahrnehmung, Achtsamkeit und dem Selbstmitgefühl – jene für die Selbstfürsorge wesentlichen Aspekte.

Die Yogahaltungen (Asanas) ermöglichen es, verschiedene Körperbereiche neu und anders wahrzunehmen, sie lassen uns sensibler für die eigenen Bedürfnisse werden. Die Haltung der Achtsamkeit verändert, wie wir körperliche Bewegungen auch im Alltag ausführen. Sie unterstützt uns darin, präsent zu sein, anwesend bei unseren aktuellen Handlungen. Mit dem Selbstmitgefühl können wir uns liebevoller und wärmer begegnen sowie die körperliche Praxis damit einfärben. Denn auch im Yoga ist es so: Wir müssen nirgendwo hin, denn wir sind bereits da. Es ist oft gar nicht so einfach, die eigenen Bedürfnisse im Alltag zu erspüren. Wir müssen verschiedene Aufgaben im Beruf erfüllen, uns familiären Herausforderungen stellen und setzen uns mehr oder weniger intensiv mit den Bedürfnissen und Erwartungen unserer Partner*innen und Freund*innen auseinander. Bis wir manchmal gar nicht mehr wissen, was wir selbst eigentlich wollen. Yoga hilft uns dabei, die eigenen Bedürfnisse wieder besser wahrzunehmen und umzusetzen.

Die Yogapraxis fördert das Wohlbefinden auf körperlicher, geistiger und seelischer Ebene. Die Asanas wirken sich auf den Muskeltonus aus und unterstützen eine aufrechte Körperhaltung – der ganze Körper wird beweglich gehalten. Auf geistiger Ebene entfaltet sich Klarheit und Ruhe: insbesondere in den Atemübungen, der Phase der Entspannung und der abschließenden Meditation. Ganz von selbst entsteht dabei eine Distanz zu den mentalen und emotionalen Vorgängen. Auf seelischer Ebene breitet sich ein Gefühl von Ruhe und Weite aus, es öffnet sich ein Raum, der unterschiedliche Gefühle nebeneinanderstehen lässt.

Dabei ist es das Ziel, im Yoga, aber auch über die Yogapraxis hinaus, mit dem Moment verbunden, im Hier und Jetzt anwesend zu sein. Natürlich braucht dies eine*n gute*n, erfahrene*n Yogalehrer*in und Zeit, um sich auf eigene Weise mit den verschiedenen Aspekten von Atem, Körperhaltungen, Entspannung und Meditation vertraut zu machen. Das Besondere ist, dass nach einer längeren, regelmäßigen Phase der Yogapraxis bereits kleine Übungen im Alltag zu mehr innerer Stabilität und Ruhe verhelfen. Der Yogi R. Sriram weist in der Sendung *Yoga boomt* im Gespräch mit dem Journalisten Gert Scobel auf die heilsame Komponente der Resonanz zwischen Atem, Körper und Geist im Yoga hin. Bereits eine tägliche Yogapraxis von einigen Minuten, in der diese drei Komponenten für eine Weile in Einklang gebracht würden, hätte eine tiefe Wirkung.

> **Yoga ist eine Möglichkeit, im Alltag immer wieder zu sich zu kommen, im Alltag in die Stille zu finden: Yoga als Selbstfürsorge.**

Dabei geht es vor allem um das innere Erleben, um das, was nach außen unsichtbar ist und wofür wir keine Worte finden müssen. Das, was wir spüren, wenn wir eine Yogahaltung einnehmen und im Anschluss den Veränderungen in Körper, Geist und Seele nachspüren.

Viele Menschen beginnen mit Yoga, weil sie sich entspannen wollen. Sie fühlen sich durchgehend gestresst, außer vielleicht im Urlaub – aber manchmal stellt sich selbst dort kein Gefühl der Ruhe und tiefen Entspannung ein: weil sich zu viel angestaut hat, weil die Erwartungen an diese Auszeit zu groß geworden sind für die daran gemessen kurze Urlaubszeit. Oder weil endlich das nachgeholt werden soll, was im regulären Alltag keinen Platz findet. Es ist also wichtig, regelmäßig im Alltag Entspannung zu suchen und wieder aufzutanken. Als wichtiges Mittel zur Entspannung können, je nach Gemütsverfassung oder Anspannungszustand, entweder kraftvolle Bewegungen, im Sinne einer Ausdauersportart, oder verschiedene Yogatechniken dienen. Häufig geht es darum, für das körperliche Wohlbefinden zu sorgen, noch bevor die Verspannungen oder gesundheitlichen Einschränkungen aufkommen.

Im Yoga haben wir die Möglichkeit, die Praxis so zu gestalten, dass wir über die Kraft zur Entspannung gelangen oder über das Erleben von Ruhe. Indem kraftvolle Asanas eingenommen, intensive Bewegungsabläufe (Karanas) durchgeführt oder herausfordernde Asanas länger gehalten werden, kann das Zuviel an Spannung in eine Haltung fließen bzw. über den Atem abgegeben werden. Genauso werden Asanas ausgeführt, die Langsamkeit und Ruhe fördern, sodass mithilfe einer erlebten Ruhe Entspannung entstehen kann. Dafür ist die Entspannungsphase ein wirksames Mittel des Yoga. Diese kann entweder an eine vorhergehende Asana-Praxis anschließen oder auch ohne diese stattfinden. Unterstützend wirkt gerade bei großer Anspannung, wenn die Anleitung von außen erfolgt. Also über eine*n Lehrer*in oder anhand einer Aufnahme.

Die klassischen Atemübungen (Pranayamas) im Yoga stellen besondere Zugänge dar, um zu körperlicher und seelischer Ausgeglichenheit zu gelangen sowie momentane innere und äußere Spannungen über den Atem loszulassen. Eine überaus wichtige Voraussetzung für die kraftvollen Pranayamas ist die Lösung des Atems und das langsame Finden eines natürlichen und vermehrt freien Atems. Aber was heißt das? Der Begriff des „natürlichen Atems" lässt unterschiedliche Interpretationen zu. Als natürlich wird hier der Atem betrachtet, der seinem momentanen Fluss, ohne willkürliche Veränderung von außen, folgt. Dieser Atem kann somit flach, tief, stockend, festgehalten oder frei sein. Er entspricht dem gegenwärtigen Zustand. Demgegenüber wird der „freie Atem" als ein Atem gesehen, der frei von Blockaden, seiner Natur gemäß, tief und gelöst fließen kann. Beide brauchen viel Zeit, da wir neu lernen dürfen, unseren Atem zu spüren und langsam in der Kombination von vertiefter Brust- und Bauchatmung auszudehnen.

Die Bauchatmung habe ich bereits beschrieben. Die Brustatmung hingegen spüren wir im oberen Rumpf. Wichtige Muskeln für die Brustatmung sind die Zwischenrippenmuskeln: Einatmend heben die äußeren Zwischenrippenmuskeln die Rippen und bewirken eine Ausdehnung des Brustkorbs. Die Lungen, die den Brustkorb ausfüllen, machen alle Bewegungen des Brustkorbs mit. Mit der Ausdehnung des Brustkorbs beim Einatmen vergrößert sich das Lungenvolumen, dadurch entsteht in den Lungen ein Unterdruck, wodurch Luft eingesogen wird. Mit der Ausatmung verkleinert sich der Brustkorb, die Lunge verliert wieder an Volumen, es kommt zum Überdruck und die Luft strömt aus. Bei einer verstärkten Ausatmung sind die inneren Zwischenrippenmuskeln beteiligt, indem diese die Rippen nach unten ziehen. Unser Körper – ein Wunderwerk.

Die Meditation wird im Hatha Yoga als der krönende Abschluss von Yogaübungen und Entspannungsphase betrachtet. Sie ist, abgesehen von ihren weiten Wirkungs- und Erlebensfeldern, ein gutes Mittel, um psychische und physische Spannungen loszulassen. Es gibt verschiedene Formen der Meditation, die in unterschiedlichen Momenten hilfreich sein können.

Inzwischen gibt es viele wissenschaftliche Studien zu den Wirkungen von Yoga. In dem Fachartikel „Yoga for psychiatry and mental health: an ancient practice with modern relevance" (auf deutsch: Yoga für Psychiatrie und seelische Gesundheit: eine alte Methode mit moderner Bedeutung) belegt der Wissenschaftler Sat Bir Khalsa, auf dem Gebiet der Körper-Geist-Medizin forschend, dass Yoga unter anderem Stress reduzieren, die Regulierung von Gefühlen unterstützen, die Stimmung und das Wohlbefinden verbessern sowie zu einer Verfeinerung kognitiver Fähigkeiten führen kann.

Meine Studie:
Zu sich kommen mit Yoga

Wie wunderbar, denn das deckt sich mit meiner persönlichen Erfahrung! So habe auch ich in diesem Bereich zu forschen begonnen. Warum ich mich dafür interessierte? Wie bereits erwähnt, habe ich viele Jahre als Musiktherapeutin auf der Akutstation einer psychiatrischen Abteilung gearbeitet. Die ersten Monate meiner Arbeit in der Psychiatrie erlebte ich als überwältigende Herausforderung, ja geradezu existenziell bedrohlich. Ich hatte davor bereits mehrere Jahre als Musiktherapeutin mit Kindern und deren Eltern, mit Menschen mit Behinderung sowie mit älteren Menschen gearbeitet. Das war auch intensiv, doch nun konnte ich auf einmal nach der Arbeit gar nicht mehr abschalten. Manchmal krochen die Gefühle und die extremen Erlebnisse, die mir in der Musiktherapie von den Menschen anvertraut wurden, in mein Innerstes und begleiteten mich sogar am Wochenende. Ich wusste plötzlich nicht mehr genau, wie und wer ich war. So gab ich mir nach einem verzweifelten Wochenende, im Stillen, ganz für mich, ein Versprechen. Ich würde mir das Ganze noch zwei Monate anschauen und würde, wenn mich die Arbeit zu dem anvisierten Zeitpunkt weiterhin so belastete, kündigen. Hoch und heilig versprach ich mir das. Und ich wusste: Ich würde mich daran halten!

Im Laufe dieser zwei Monate fand ich zunehmend meinen Platz im Geschehen: Auf der psychiatrischen Station, inmitten einer von Druck, Anspannung und Verrücktheiten geprägten Atmosphäre. Nicht nur das, denn es gab auch einen wunderbaren Humor in meinem Team und die Zusammenarbeit mit den Ärzt*innen, den Pfleger*innen und Therapeut*innen war von unglaublicher Nähe gekennzeichnet. Mit dem Wunsch, als Musiktherapeutin schließlich noch längere Zeit auf der Akutstation arbeiten zu können, entwickelte ich zunehmend sehr persönliche Überlebensstrategien und eine Haltung großer Aufmerksamkeit gegenüber meinen Grenzen und Ressourcen. Letztlich arbeitete ich fünf Jahre lang in der Psychiatrie.

Rückblickend erkenne ich in diesen Handlungen Strategien für die Selbstfürsorge. Damals befand ich mich bereits in einer intensiven, mehrjährigen Ausbildung zur Yogalehrerin, und so bestanden meine persönlichen Überlebensstrategien in erster Linie aus der Yogapraxis: Yoga am Morgen zu Hause und tagsüber in meinem Arbeitsraum in der Psychiatrie. Ich nahm meinen Körper besser wahr und konnte mich in ihm verankern. Insbesondere nach turbulenten, aufwühlenden Begegnungen mit Patient*innen oder nach Teambesprechungen half mir Yoga, wieder zu mir zu kommen.

> **Aus dieser Erfahrung in der Psychiatrie heraus stellte ich mir einige Jahre später zwei Fragen:**
>
> **1. Was machen andere Menschen, die unter extremeren Bedingungen arbeiten, um für sich zu sorgen?**
>
> **2. Kann Yoga bedeutungsvoll für die Selbstfürsorge sein?**

Im Rahmen meiner Masterarbeit *Zu sich kommen mit Yoga* führte ich 2014 eine Studie über die Selbstfürsorgestrategien von Musiktherapeut*innen, die alle auf einer psychiatrischen Station arbeiteten, durch und fand Antworten auf meine beiden Fragen. Meine Studie umfasste eine kleine Anzahl von acht Proband*innen und zeigt in ihren Ergebnissen einfach eine Tendenz bezüglich der Selbstfürsorge auf.

Die Antwort auf die erste Frage: Die Handlungen und Aktivitäten rund um die Selbstfürsorge in der Freizeit der Musiktherapeut*innen waren vielfältig. Nur am Arbeitsplatz gab es wenige Aktivitäten, um regelmäßig zu sich zu kommen.

Die Antwort auf die zweite Frage: Es zeigte sich die klare Tendenz, dass Yoga im Hinblick auf die Selbstfürsorge als unterstützend erlebt werden kann. Es war auffällig, dass am Ende der Studie deutlich mehr selbstfürsorgliche Handlungen im Berufsalltag eingesetzt wurden, sie machten also mehr Pausen und gestalteten diese bewusst im Hinblick auf die eigenen Bedürfnisse. Auch nach aufwühlenden Therapieeinheiten mit Patient*innen wurden anstatt (wie vor der Studie) ablenkender Tätigkeiten bewusst Handlungen gesetzt, die ihnen guttaten, sie auftankten, sie wieder zu sich kommen ließen. Durch die regelmäßige Yogapraxis wurden die Teilnehmer*innen der Studie sensibler für den eigenen Körper und nahmen ihre eigenen Bedürfnisse viel stärker wahr. Dies wiederum intensivierte die Selbstfürsorge am Arbeitsplatz und vermehrte sie in der Freizeit.

Ich betone zwar immer wieder, wie umfassend und wirksam Yoga ist, dennoch soll hier nicht unerwähnt bleiben, dass man diesen Weg zu sich, dieses Zu-Sich-Kommen auch ohne Yoga finden kann. Aber vielleicht gibt es verschiedene Yogaelemente, die du als Tool in deinem Alltag ausprobieren oder einbauen magst.

Abschließend möchte ich noch einen wichtigen Aspekt des Körpers erwähnen: unsere Sexualität. Befragt nach den Tätigkeiten in der Freizeit, die als selbstfürsorglich erlebt werden, zählte in meiner Studie die Sexualität, neben Freund*innen treffen, Körperpflege, Kochen, Lesen und Musik hören, zu den meist aufgeführten Aktivitäten, die in der Freizeit als selbstfürsorglich empfunden wurden. In der gegenwärtigen Literatur rundum die Selbstfürsorge lässt sich jedoch Sexualität interessanterweise nur äußerst selten finden.

Ganz unabhängig davon, wie wir Sexualität leben, ob allein, mit einem anderen Menschen, mit mehreren Menschen oder wechselnden Partner*innen: Die körperliche Sexualität kann zu einem überaus wichtigen, entspannenden und belebenden Teil unseres Seins werden. Genauso kann sich aber natürlich auch alles in die Gegenrichtung entwickeln, sodass Sexualität als etwas Belastendes, Bedrohliches oder einfach auch weniger Bedeutsames für das eigene Leben empfunden wird. Umso wichtiger, so scheint mir, ist die Auseinandersetzung mit den persönlichen Bedürfnissen, Wünschen, Grenzen und Ängsten bezüglich der eigenen Sexualität.

In diesem Zusammenhang möchte ich gern auf die außergewöhnlichen Arbeiten folgender Menschen hinweisen:
- das Buch *Lieb und teuer* der Körpertherapeutin Ilan Stephani (2017)
- ein Podcast-Gespräch mit der „Liebelei"-Unternehmerin Katharina Bonk über Sexualität (2019) und
- die Arbeit über Workshops und Vorträge zu „Achtsamkeit in Partnerschaft und Sexualität" von der Psychologin, MBSR-Trainerin und Sexualtherapeutin Hella Suderow und dem Theaterpädagogen, Tischler und Therapeuten Christian Schumacher.

Außergewöhnlich im wahrsten Sinne des Wortes – so mag ihre Art der Auseinandersetzung mit dem Thema Sexualität vermutlich nicht für alle Leser*innen passen. Aber das ist ja immer so!

Müde – lege ich mich hin

„Müde bin ich, geh' zur Ruh', schließe meine Äuglein zu." – Klingt eigentlich ganz logisch und einfach. Bin ich müde, dann lege ich mich hin. Einfach ist es aber in unserer heutigen Zeit nicht, sich mitten am Tag hinzulegen – selbst für mich ist es das nicht immer. Dabei ist der Schlaf einfach *das* Allheilmittel bei Überlastung, dem Gefühl der körperlichen Ausgelaugtheit, bei emotionalem Wirrwarr und Reizüberflutung. Ja, und auch einfach bei Müdigkeit. Bin ich müde, dann lege ich mich hin.

Das Mittagsschläfchen ist für mich seit Jahren etwas Wunderbares. Arbeite ich zu Hause, dann schaue ich, dass diese Pause möglich ist. Liegen, Augen schließen. Manchmal höre ich eine Meditation und sinke dabei in die Tiefe. Mal bin ich dabei ganz weg, mal bin ich durchgehend präsent und gleichzeitig in dieser tiefen Entspannung. Ich liebe es! Ich liebe den Punkt, wo ich davongleite, mich geborgen fühle. Mein Geist frei und weit. Mein Herz offen und gehalten. Und dann dieses langsame Wieder-Auftauchen. Ich bin wieder da! Es wird zu einer Kunst, noch etwas in dieser Frische und Langsamkeit zu verweilen. Den Zustand der Frische nicht auszunutzen, zu verschwenden, für die Arbeit zu benutzen. Wieder da. Neu, anders, frisch.

Das war nicht immer so. Früher habe ich es regelrecht gehasst, mich mittags hinzulegen, überhaupt tagsüber zu schlafen. In tiefen Schlaf bin ich gesunken und dann nach einer Stunde irgendwann aufgewacht: zerschlagen, matschig, orientierungslos. „Nein, der Mittagsschlaf ist nichts für mich", habe ich lange Zeit behauptet.

Ich liebe es, wenn ich mich frisch, ausgeruht, voller Energie und körperlich fit fühle, aber mag es gar nicht, wenn ich müde bin. Wenn die Energie schwindet, wenn sich der Körper schwer anfühlt. Mein Kopf müde wird, die Bewegungen langsamer werden. „Oh", denke ich dann, „was ist los? Warum bin ich nicht mehr fit, hellwach und tatkräftig?" Dann ruft mir die Allzeit-Vital-Stimme zu: „Schnell ein paar gute Yogaübungen, tiefer atmen und gute, kraftvolle Gedanken haben." – „Nein, einfach mal kurz eine Pause machen, das wäre doch was", sagt ganz leise eine andere Stimme in mir.

Meine Studienfreundin Julia führte mich vor zwanzig Jahren in die Kunst des Mittagsschlafs ein. Julia hielt die Mittagsruhe für ein hohes Gebot und nahm mich einfach mit. Ich kann mich gut daran erinnern, wie wir in ihrem Elternhaus im Sauerland auf Besuch in den Semesterferien waren und an einem Nachmittag die Fenster abdunkelten und ewig schliefen. Danach war ich sehr geschafft. Aber irgendwie begann ein zweiter Tag nach dieser Auszeit. Ein neuer Tagesbeginn mit frischem Geist und Herz wurde uns geschenkt. Danach fuhren wir manchmal im Studienalltag in ihr Studentenwohnheim, um zwischen zwei Seminaren ein Mittagsschläfchen zu halten. Toll, diese Freiheit und diese kurze Auszeit vom Üben, Lernen, Schaffen.

15 Jahre später mit drei Kindern in meinem Zuhause fanden auch viele, viele unruhige, schlaflose Nächte den Weg in mein Leben. Mal mehr, mal weniger. Mal Phasen, die super sind, und andere, die nur anstrengend sind. Da ist man wochen- oder monatelang dauermüde. Manchmal auch jahrelang. Da gibt es einen Alltag, der inklusive großer Müdigkeit gemeistert werden will, muss, kann. Erstaunlich, über wie viele Reserven wir dann doch verfügen in diesen Ausnahmezeiten. Aber irgendwann ist es dann auch gut und wir brauchen klare Auszeiten: Zeit zum Schlafen, für die Regeneration.

Produktiv sein, energiegeladen sein – das ist super, klar. Gut gelaunt sein, körperlich fit sein – das ist super. Ruhen und Schlafen sind aber auch super, denn Schlaf ist ein Allheilmittel: bei schwierigen Fragen, ungelösten Problemen, Stimmungstiefs. Doch das schnelle In-den-Schlaf-Fallen will geübt werden. Wie gut kann ich mich an Tage erinnern, an denen ich aufgrund der Babynächte und -tage komplett übermüdet war, aber wenn dann endlich Ruhe war, konnte ich keinen Schlaf finden. Daher habe ich im Folgenden ein paar Ratschläge gesammelt, um gute Bedingungen für dein Schläfchen am Tage zu schaffen:

1. Keinen Druck! Vielleicht kannst du es zu Beginn wie ein Spiel betrachten? Nichts muss, alles kann.
2. Zeitlicher Spielraum: Ich brauche häufig einen größeren, zeitlichen Rahmen, in dem mein (nach-)mittäglicher Tiefgang stattfinden kann. Für mich sind 45–60 Minuten ungestörte Zeit optimal, um in diesem Zeitrahmen 10–25 Minuten lang in die Tiefenentspannung oder den Schlaf sinken zu können.
3. Störquellen vermindern: Das Handy wird auf lautlos gestellt und in einen anderen Raum gelegt. Sind andere Personen im Haushalt, kündige ich kurz an: „Ich mache ein kleines Schläfchen", um dann ganz fest die Tür zuzumachen. (Meine Kinder lieben es inzwischen, wenn ich diesen Satz sage. Dann wissen sie: Jetzt ist mal mindestens eine halbe bis eine Stunde Ruhe im Laden. Komplett unbeobachtete Zeit!)

4. Wecker stellen am Anfang oder bei einem wichtigen Termin: Das gibt Sicherheit, falls wir doch mal ganz, ganz tief tauchen. Das kann gut passieren, wenn der Schlafmangel groß ist oder der Körper nicht ganz gesund, deswegen lieber großzügig eine Zeit zum Aufwachen einstellen. Das Handy liegt in der Küche? Genau, richtig. Gibt es einen Wecker? Ein altes Handy? Ansonsten am besten einen Wecker für die heilige Tagesruhe besorgen. Das ist eine lohnenswerte Anschaffung!
5. Liegeposition: Diese ist für mich ganz wichtig. Im Zug oder Flugzeug geht es auch mal im Sitzen, aber der Schlaf ist oftmals anders und der Körper verspannt dabei leicht.
6. Los geht's: Augen schließen und die Wahrnehmung nach innen richten, den Körper spüren, die Gedanken wahrnehmen und den Atem fließen lassen.
7. Nichts tun.
8. Zurückkommen: Wenn der Wecker klingelt, du von selbst wieder aufwachst oder dein Körper dir ganz klar signalisiert, dass es schon reicht, auch wenn du nicht einschlafen konntest, schenke dir Zeit zum Zurückkommen. Lege eine Hand auf deinen Bauch oder Brustraum. Spüre den Kontakt der Handfläche. Atme einige Male tief ein und aus und öffne langsam deine Augen. Wenn du magst, strecke und dehne dich mit großem Behagen.
9. Steh wieder auf und gleite ganz langsam in den Tag zurück.

Wenn ausreichend Zeit da ist, kannst du auch vor dem Augenschließen etwas lesen, etwas Musik oder einen Podcast hören. Das beruhigt manchmal und lässt uns leichter in den Entspannungszustand kommen.

Wenn der Körper leise spricht ...

Der Körper hat uns viel zu erzählen: In Form von Spannungen, Wärme, Kälte oder auch Schmerzen zeigt er uns, wo unsere Grenzen sind. Was uns guttut, was aber auch nicht. Ganz direkt, ganz unvermittelt. Die Körperwahrnehmung hilft uns also, einen ausgewogenen Umgang mit den eigenen, individuellen Grenzen zu entwickeln. Auf der körperlichen Ebene können wir üben, wenn wir wahrnehmen: „Ich fühle mich ganz schlapp" oder „Mein Körper ist so schwer" bis hin zu „Ich glaub, ich werde krank ..." Wir können lernen, diese Signale des Körpers dankbar anzunehmen, diese klare Botschaft an uns zu hören.

Jetzt geht es darum, verstärkt auf uns selbst zu schauen: alles etwas langsamer anzugehen, mehr vom Kopf in den Körper zu kommen. Konkreter? Nach außen gehende Aktivitäten zu reduzieren. Also weniger wichtige Termine absagen, mehr Pausen einlegen, früh ins Bett gehen und die Aufmerksamkeit mehr nach innen lenken. Wichtig ist auch, viel zu trinken und sich nährstoffreiches Essen zuzuführen. Denn je mehr Widerstand wir gegenüber der körperlichen Dysbalance aufbauen, je mehr Energie in all unsere Gedanken geht, desto mehr schwächen wir unseren Körper. Dabei will er uns eigentlich nur sagen: „Ich möchte ein bisschen Ruhe haben", „Mach mal langsamer/weniger, ich brauche eine Pause" oder vielleicht auch eher fragen: „Spürst du mich noch?" Mit den Jahren wissen wir eigentlich auch: Wenn wir diesen klaren Signalen nicht gleich am Anfang Raum und Zeit geben, dann holt sich der Körper zum gegebenen Zeitpunkt auf radikale Art und Weise das Nötige: Ruhe und eine große Pause von allen äußeren Einflüssen. Wir werden krank und müssen für ein paar Tage ins Bett.

Manchmal ist absolute Bettruhe auch wirklich wichtig. Aber eben nicht immer ... Und genau dann lohnt es sich, auf diese ersten Nachrichten unseres Körpers zu hören und ihnen mit Aufmerksamkeit und Verständnis zu begegnen. Vielleicht wird es möglich, dabei eine körperliche und geistige Sammlung zu erleben. Und vielleicht ist es denkbar, nach und nach diese Zeiten der körperlichen und geistigen Langsamkeit sogar zu genießen.

IMPULS FÜR DICH: DEINE KÖRPERSIGNALE

Wo fühlst du in deinem Körper, dass dir etwas zu viel wird? Wie zeigt dir dein Körper, dass du eine Pause brauchst? Was sind deine persönlichen Schwachstellen im Körper?

PLATZ FÜR DEINE GEDANKEN, WÜNSCHE UND ZEICHNUNGEN

1001 Nacht und noch kein Schlaf

Ich kenne inzwischen gefühlt tausend Methoden, um federleicht zurück in den Schlaf zu finden. Aber wenn ich nachts mal aufwache, probiere ich eigentlich mit großer Erfolglosigkeit eine Methode nach der anderen aus. Der innere Dialog gestaltet sich dann mit meinen derzeitigen liebsten acht Methoden ungefähr so:

„Oh, ich bin aufgewacht. Bin ich richtig wach? Oder schlafe ich gleich wieder ein? Hoffentlich wache ich jetzt nicht wirklich ganz auf! Na gut, erst mal nur die Schlafposition ändern und auf die Seite legen."
    Pause.
„Hmm, das Kissen gut unter den Kopf quetschen."
    Pause.
„Ach, doch lieber auf den Rücken legen."
    Pause.
„Naja, oder auf die andere Seite rollen. Okay."
    Pause.
„Vielleicht doch auf dem Bauch liegen?"
    Pause.
„Ach, irgendwie unbequem. Doch lieber Rückenlage."
    Pause.
„Okay. Mist, jetzt bin ich irgendwie wach."
„Na gut: Methode 2: Wo ist mein Atem? Ich atme ein, ich atme aus …"
    Pause.
„Ah, komm, jetzt einfach schnell wieder einschlafen. Ich atme ein, ich atme …"
    Pause.
„Ach ja, genau. Methode 3: Hand aufs Herz legen. Selbstmitgefühl üben, hmm, das fühlt sich gut an. Schon angenehm."
    Pause.
„Oh Mann, wenn ich jetzt nicht bald wieder einschlafe, bin ich sicher morgen total erledigt."
    Pause.

„Bringt ja nichts."
   Pause.
„Okay, stimmt, Methode 4, den Bodyscan könnte ich machen! Das geht immer: Ich spüre in meinen rechten Fuß hinein, ich spüre in meinen linken …"

Und so weiter und so fort.

Inzwischen kann ich mich selbst dabei beobachten, wie ich kreativ und voller Optimismus auf vielen verschiedenen Wegen versuche, mit höchster Konzentration und voller Elan mitten in der Nacht wieder in den Schlaf zu finden.
   Höchste Konzentration und voller Elan? Mitten in der Nacht? Wieder zurück in den Schlaf? Die Liste allein klingt ja schon nach einem großen Widerspruch.
   Stimmt, da kommt inzwischen bei mir Methode 5 ins Spiel: Am besten sei es bei Schlaflosigkeit in der Nacht, aufzustehen und etwas zu machen, statt sich im Bett nur rumzuwälzen. Das habe ich mal gelesen, aber ich bin so müde, dass ich eigentlich nur schlafen mag.

Daher geht es ungefähr so mit Methode 6 weiter:
   Pause.
„Es ist wichtig, sich keinen Stress zu machen mit dem erneuten Einschlafen! Okay, dann bin ich nun ganz ruhig und entspannt. Ich denke einfach nichts. Leere. Loslassen … Am besten ich drehe mich nochmal auf die Seite, da schlafe ich immer gut ein. Voll gemütlich."
   Pause.
„Scheiße, ich kann echt nicht mehr einschlafen. Gleich wacht sicher auch irgendein Kind wieder auf. Gut, dann hole ich mir jetzt halt mein absolutes Wundermittel – Methode 7: das ätherische Öl ‚Frieden und Ruhe'. Einfach ein paar Tropfen auf meine Handgelenke und auf die Fußsohlen, da schlafe ich garantiert wieder ein. Mmmh, das riecht gut. Ich merke schon, wie sich alles entspannt."
   Pause.
„Das kann doch nicht wahr sein. Das wirkt doch eigentlich immer. Müsste es zumindest, es ist ja total teuer. Okay, bitteschön, her mit Methode 8: Musik hören. Mein eigenes Album, das beruhigt mich garantiert und bevor der letzte Ton verklungen ist, bin ich schon im Land der Träume."

So kann das ewig weitergehen. Wahlweise können die Methoden wiederholt oder auch wild miteinander kombiniert werden. 1001 Nacht unruhig herumgewälzt –

aber immer noch kein schnelles Einschlafen. Der Stress mit dem Wieder-einschlafen-Müssen ist immens und meine Liste an gesammelten Schlafentspannungstipps inzwischen schon ziemlich lang. Das reicht für die ganze Nacht und ist oft zum Verrücktwerden.

Denn letzten Endes liege ich dann entmutigt da, träume etwas in Gedanken vor mich hin, entspanne mich dabei und – absolut ungeplant! – wandere langsam wieder hinüber ins Reich der Träume.

Die Toilette – ein Stückchen Heimat?

Auf einer Tagung erwähnte meine Vorrednerin, die beruflich Klient*innen nach einem Burnout begleitet, in einem Nebensatz, dass eine Rückzugsmöglichkeit am Arbeitsplatz die Toilette sei. Große, helle Freude breitete sich dabei in mir aus! Ich habe schon oft bei Vorträgen versucht, ein Loblied auf die Toilette anzustimmen, häufig aber aufgrund der Irritation und einer vermeintlichen Scham unter den Zuhörer*innen recht bald wieder verklingen lassen. Also jetzt hier – endlich!

Ich liebe Toiletten. Also dann, wenn es darum geht, sich für einen Moment aus einer Fülle an Arbeit, Menschen, Gedanken oder Emotionen zurückzuziehen. In großen Gruppen zu sein, kann manchmal anstrengend sein, mit anderen Menschen dicht zusammen zu sein, kann erschöpfen: an einem Seminarort, am Flughafen, an der Uni, in der Schule, in der Klinik, im Kindergarten und an jedwedem Arbeitsplatz. Das muss nicht für alle so sein, aber für manche von uns ist das nun mal so.

Eine Überforderung aufgrund der Dichte und Fülle kann unser Wohlbefinden auf allen Ebenen stark beeinträchtigen. Dann ist es gut, wenn es die Möglichkeit für einen kurzen Rückzug gibt, an einen stillen, einen ruhigen Ort. An einen Ort mit Begrenzung. Der lässt sich im Arbeitsalltag oder im öffentlichen Raum nicht immer leicht finden. Doch es gibt ihn eigentlich fast immer: die Toilette!

Was ist so gut an Toiletten bezüglich eines Rückzugs? Eine wichtige Voraussetzung ist natürlich, dass die Toilette sauber ist und neutral bis möglicherweise angenehm riecht. Ja, das gibt es auch, weil da zum Beispiel eine wohlriechende Seife in der Seifenschale liegt (bei öffentlichen Toiletten müssen wir diesbezüglich unsere Erwartungen leider etwas herunterschrauben).

Großer Vorteil: Wir können die Tür abschließen. Niemand kann uns so einfach ohne unsere Zustimmung aufsuchen. Wir sind sicher. Unser Blick ist begrenzt, wir sind abgeschirmt, also für einen Moment auch nicht den Blicken anderer ausgesetzt. Können also tun und lassen, was wir wollen: auf dem Handy rumtippen, eine Zeitung lesen, die Fliesen am Boden zählen oder das Muster in aller Ruhe anschauen. Und wir können uns hinsetzen! Das tut manchmal so gut. In Ruhe sitzen. Ganz allein, für sich.

In der Arbeitsumgebung auf die Toilette zu gehen, ist manchmal hilfreich, um sich kurz und schnell zu erholen, von den Klient*innen, den Kolleg*innen, den Kindern oder Schüler*innen. Mal kurz durchzuatmen. Auf die Toilette kann man immer gehen, das kann einem niemand nehmen. Eines der letzten freien Rechte. Auch in einer sehr dichten Besprechung, wenn ich merke, mir wird alles zu viel, zu nah und es übersteigt momentan meine Kräfte, dann hilft es – letztlich auch den anderen –, mich für einen Moment aus dem Geschehen rauszuziehen. Bevor ich eine unreflektierte Bemerkung mache, den restlichen Tag unter Verspannungen leide oder vielleicht irgendwann – zugespitzt – meinen Job kündige, entschuldige ich mich kurz und gönne mir eine kleine Pause vom Geschehen. Fall- und Teambesprechungen können außerordentlich dicht sein. Da hilft es niemandem, wenn alle der Intensität erliegen. Ein Hauch frischer Luft beim Öffnen der Tür und ein Durchbrechen der dichten Atmosphäre beim Aufstehen tut auch dem restlichen Team gut. Auf dem Gang zur Toilette dann ein- und ausatmen, die Füße am Boden spüren, den Blick heben. Mich daran erinnern: Oh ja, es gibt noch eine Welt außerhalb der da drin. Das Leben geht weiter.

Manchmal ist die Toilette auch die Notlösung, um einem Emotionsausbruch gegenzusteuern, um kurz durchzuatmen und wieder einen klareren Kopf zu bekommen. Im Streit mit dem/der Partner*in oder in der Dichte der Nachmittage, Abende oder Wochenenden mit den Kindern. Wie eine Rückversicherung an uns selbst, dass es auch noch andere Zeiten gibt. Andere Momente, andere Situationen – in denen es um uns geht, und um unsere Wünsche, unsere Bedürfnisse, unsere Vorlieben, unsere Anliegen. Mit kleinen Kindern brauchen wir diese Rückversicherung sehr, sehr regelmäßig.

Wenn wir zudem mit kleinen oder auch größeren Kindern zusammenleben, ist die Toilette manchmal eine wahre Zuflucht. Hier werden keine Fragen gestellt, hier muss ich nicht eben tausend Hilfsgriffe tätigen, hier kann ich einfach mal in Ruhe für mich sitzen. Tür zu und dann vor allem: abschließen! Das halten auch ganz kleine Kinder für eine kurze Weile aus. Das ist die letzte Zuflucht. Und es gibt Momente, in denen einem auch sogar diese letzte Zuflucht verwehrt bleibt. Das ist hart. Aber es sind nur Momente und wir dürfen dann einen Zeitpunkt in der nahen Zukunft planen, an dem wir ungestört für uns sein können. In manchen Lebensphasen mögen das zehn Minuten am Abend sein, wenn endlich alle schlafen und wir vor Müdigkeit selbst fast umfallen. Dennoch: Bewusst hinsetzen und die Ruhe, das Für-sich-Sein für diesen kleinen Moment genießen. Im Jetzt.

Der innere Ort

Hier fühle ich mich zu Hause. Wohl und geborgen. Hier mag ich verweilen. Hier gibt es nichts, aber auch gar nichts zu tun. Die Zeit steht still. All das, was momentan schwierig, ungelöst, bedrückend in meinem Leben ist, rückt in den Hintergrund. An diesem Ort, in diesem Zustand hat alles seine Ordnung.

Worum geht es hier? Was ist das für ein Ort? Ein Ort, an dem alles in Ordnung ist? Ich spreche vom inneren Ort und meine damit eine Ebene im innerpsychischen Erleben. Dabei handelt es sich weniger um einen konkret verortbaren Punkt, sondern mehr um einen sich ausbreitenden Raum, eine Seinsweise. Einen inneren Zustand. – Kommt dir das bekannt vor? In diesem Zustand fühlen wir uns zentriert, mit einem gleichzeitigen Empfinden von Weite. Wir spüren eine innere Ruhe, verbunden mit einer tiefen Entspannung und Gefühlen von Geborgenheit. Als inneren Ort bezeichne ich einen unzerstörbaren, inneren Rückzugsraum, in dem der Mensch sich als eins mit dem Ganzen, sicher und aufgehoben fühlen kann. Hier spürt man ein Gefühl von Gelassenheit und tiefem Vertrauen, man kann auftanken, sich zurückziehen, zur Ruhe zu kommen – bei sich sein.

Wie können wir uns diesem inneren Ort annähern? Der innere Ort wird lebendig durch Tätigkeiten, die nach innen führen, oder Umgebungen, die einen still werden lassen. Er kann in der Yogapraxis erlebbar werden, aber auch einfach durch eine achtsam ausgeführte Tätigkeit wie einen Spaziergang oder etwas, was uns sehr am Herzen liegt. Das kann zum Beispiel das Anhören, Singen oder Musizieren sein, weil Musik ein Medium ist, das schnell und plötzlich Gefühle von Geborgenheit, Wärme, Leichtigkeit, Aufgehoben-Sein und In-Ordnung-Sein in uns wecken kann.

Auch in der Umgebung mit unseren Mitmenschen kann dieser innere Ort spürbar werden, wie im Gespräch mit einem guten Freund, im Zusammensein mit einer vertrauten Freundin, in der Familie, manchmal auch in Alltagsbegegnungen. Insbesondere geschieht das dann, wenn wir uns in unserem Wesen erkannt fühlen: gesehen und erkannt mit dem, was uns ausmacht, was uns wichtig ist, wie wir uns selbst wahrnehmen.

Interessant daran ist, dass wir diesen Zustand nicht bewusst herbeiführen können, aber wir können Bedingungen schaffen, die diesen Zustand begünstigen oder unterstützen. Wir können uns zum Beispiel an einen Platz begeben, an dem wir uns gern aufhalten und uns wohlfühlen. Vielleicht mögen wir aber auch Kontakt aufnehmen zu einem Menschen, mit dem wir dieses Gefühl von Zuhause-Sein verbinden. Oder wir nehmen uns bewusst Zeit, wählen berührende Musik aus, setzen uns in einen Sessel und hören einfach zu. Manchmal ist es auch das Blättern in Fotoalben oder Briefkisten, was uns an einen anderen, vertrauten Ort bringen kann. Schau einfach mal, was bei dir den Zugang zu deinem inneren Ort öffnet. Denn er entzieht sich jeglichen Gesetzmäßigkeiten und taucht wie von Zauberhand auf. Das macht ihn so besonders und wertvoll.

IMPULS FÜR DICH: DEIN INNERER ORT

Kannst du etwas mit der Bezeichnung „innerer Ort" anfangen? Oder wie beschreibst du die Momente von Aufgehoben-Sein und von einem tiefen Vertrauen ins Leben? Schau, was für dich passt. Welche Tätigkeiten bringen dich an diesen Ort oder in die Nähe dieses Ortes? Gibt es Plätze oder Umgebungen, die das Gefühl von „Bei-dir-aber-gleichzeitig-auch-in-der-Welt-aufgehoben-Sein" unterstützen?

PLATZ FÜR DEINE GEDANKEN, WÜNSCHE UND ZEICHNUNGEN

Fünf kleine Yogaübungen für zwischendurch

Ich habe in meiner Forschungsarbeit fünf kleine Yogaübungen für den Berufsalltag entwickelt, die jeweils nur zwei Minuten benötigen und einzeln oder auch aneinander gereiht im Laufe des Tages ausgeführt werden können. Besonders schön ist es, dabei ein Fenster zu öffnen und die Übungen mit frischer Luft auszuführen.

1. Atemweite

Mit dem Einatem die Arme vorn nach oben heben.
Mit dem Ausatem die Arme über die Seite absenken.

Wenn möglich am offenen Fenster stehen und den Blick in die Ferne schweifen lassen, aber diese Übung kann auch im Sitzen ausgeführt werden.

2. Drehung im Sitzen

Mit dem Einatem die Arme vorn nach oben heben.
Mit dem Ausatem den Rumpf nach rechts drehen und die Arme absenken.
Mit dem nächsten Einatem die Arme wieder anheben, den Rumpf zurückdrehen.
Mit dem Ausatem den Rumpf nach links drehen und die Arme absenken.
Mit dem Einatem die Arme wieder anheben, den Rumpf zurückdrehen.

Mehrmals im eigenen Atemrhythmus durchführen, im Sitzen dann nachspüren.

3. Halbmond (Seitbeuge)

Mit dem Einatem den rechten Arm über die Seite nach oben führen.
Mit dem Ausatem die Schulter sinken lassen und aus der Hüfte heraus nach links beugen, dabei den rechten Fuß Richtung Boden schieben.

Dies drei bis fünf Atemzüge lang halten, den Atem über die gedehnte Seite einströmen lassen.
Mit dem nächsten Einatem den Rumpf wieder aufrichten und ausatmend den rechten Arm an die Körperseite zurückführen.
Mit dem Einatem den linken Arm über die Seite nach oben führen.
Mit dem Ausatem die linke Schulter sinken lassen und aus der Hüfte heraus nach rechts beugen, dabei den linken Fuß Richtung Boden schieben.
Mit dem nächsten Einatem den Rumpf wieder aufrichten und ausatmend den linken Arm an die Körperseite zurückführen.
Im Stehen nachspüren.

4. Der Hund

In den Vierfüßlerstand kommen. Die Zehen sind am Boden abgelegt und der Rücken ist gestreckt.
Dann die Zehen aufstellen, mit gebeugten Beinen das Gewicht nach hinten verlagern und mit dem Ausatem in den Hund kommen.
Drei bis fünf Atemzüge im Hund bleiben.
Mit dem Einatem den Körper wieder absenken und in den Vierfüßlerstand zurückkehren.
Nach Belieben die Haltung wiederholen.

5. Weite im Bauchraum

Schließe die Augen. Lege deine Handflächen auf den Bauch, lasse sie großflächig aufliegen. Nimm wahr, ob da eine Atembewegung unter deinen Händen ist. Falls nicht, kannst du versuchen, sanft in Richtung deiner Hände zu atmen. Spür die Atembewegung im Bauchraum. Nun nimm das Heben deiner Bauchdecke mit dem Einatem und das leichte Einsinken der Bauchdecke mit dem Ausatem wahr. Langsam kannst du den Atem ausdehnen, etwas tiefer ein- und etwas tiefer ausatmen. Wenn du magst, dann verlängere den Ausatem. Begleite deinen Atem mehrere Atemzüge lang im Bauchraum.

Dann leg die Hände in den Schoß und bleibe mit der Aufmerksamkeit im Bauchraum. Lass deine Wahrnehmung schließlich breiter werden und sich auf den ganzen Körper ausdehnen. Öffne langsam deine Augen.

„Es gibt überall Blumen für den, der sie sehen will."

Henri Matisse

Achtsamkeit

Achtsamkeit ist neben der Körperwahrnehmung ein weiterer wichtiger Bestandteil der Selbstfürsorge: Die beiden bilden die Grundlage für die Wahrnehmung unserer Bedürfnisse. Inzwischen wirkt der Begriff der Achtsamkeit auf mich sowohl überladen als auch abgedroschen. Ich habe das Gefühl, über Achtsamkeit sei bereits alles gesagt worden, denn es gibt unzählig viele Ratgeber und inspirierende Literatur von religiösen und spirituellen Menschen. Dennoch stelle ich im Alltag immer wieder fest, dass gar nicht so klar ist, wie weit und lebendig das Feld der Achtsamkeit eigentlich ist.

Drei klassische Assoziationen, die mir im Alltag zum Thema Achtsamkeit begegnen: Wenn ich achtsam bin, bin ich seeeeeeeeehr laaaaaangsam. Bin ich achtsam, führe ich meine Handlungen mit grooooooßer Genauigkeit aus. Zudem bedeutet Achtsamkeit eine *immense* Intensität.

Der alleinige Fokus auf diese drei Aspekte macht (mich persönlich) wahnsinnig müde, ein bisschen aggressiv und sehr lustlos (in genau dieser Reihenfolge der Assoziationen). Natürlich, die Aspekte von Entschleunigung, Feinheit der Bewegungen und das intensive Erleben auf unseren diversen Sinneskanälen können wahrlich einen großen Teil des Erlebens ausmachen, wenn wir uns achtsam durch die Welt bewegen – aber eben nicht nur. Achtsames Verhalten muss nicht immer ruhig und bedächtig sein. Oder sanft und zart. Wir können auch wild und lebendig und gleichzeitig achtsam sein.

Was ist Achtsamkeit? Und wie wirkt sie auf uns? Der Molekularbiologe und inzwischen emeritierte Professor an der University of Massachusetts Jon Kabat-Zinn, der sich in seinen zahlreichen Publikationen mit Achtsamkeit, Meditation und Atembeobachtung befasst hat, beschreibt sie in seinem Buch *Im Alltag Ruhe finden* mit den folgenden Worten:

> „Im Grunde ist Achtsamkeit ein ziemlich einfaches Konzept. Seine Kraft liegt in der praktischen Umsetzung und Anwendung. Achtsamkeit beinhaltet, auf eine bestimmte Weise aufmerksam zu sein: bewußt, im gegenwärtigen Augenblick und ohne zu urteilen. Diese Art der Aufmerksamkeit steigert das Gewahrsein und fördert die Klarheit sowie die Fähigkeit, die Realität des gegenwärtigen Augenblicks zu akzeptieren."
> (1998, S. 18)

Achtsamkeit beschreibt also einen Weg des Erlebens und der Erfahrung, der durch Übung kultiviert wird. Diese im obigen Zitat beschriebene Aufmerksamkeit bezieht sich auf vier Ebenen: den Körper, die Atmung, Gedanken und Gefühle bzw. Stimmungen. Kabat-Zinn hat Ende der 1970er-Jahre die, mittlerweile weltweit bekannte und äußerst wirksame, MBSR-Methode (Achtsamkeitsbasierte Stressreduktion, Mindfulness-Based Stress Reduction) entwickelt. Achtsamkeit ist zwar bereits seit Jahrhunderten tief im Buddhismus verankert, doch mit dem MBSR-Training hat Kabat-Zinn das alte, wertvolle Gedankengut populär gemacht und gezeigt, dass Stress mittels Achtsamkeit nachhaltig reduziert werden kann. Sein achtwöchiges MBSR-Training setzt sich aus dem „Body-Scan" (einer vertieften, detaillierten Körperwahrnehmung), der Atembeobachtung, Asanas und Meditationen zusammen.

Kabat-Zinn unterscheidet bei der Beobachtung des eigenen Atems die formelle und die informelle Methode. Erstere findet während der Meditation statt, wir richten also an einem Ort der Ruhe in einer bewusst gewählten Haltung eine bestimmte Zeit lang die gesamte Aufmerksamkeit auf den eigenen Atem. Das ist nicht so einfach, wie es hier klingt. Denn oftmals nehmen wir erst dann unsere tatsächliche innere Unruhe und die ständig abschweifenden Gedanken in vollem Ausmaß wahr. Doch wenn wir regelmäßig meditieren, kann sich unsere Aufmerksamkeitsspanne verlängern, unsere Konzentrationsfähigkeit erhöhen und kann unser Geist ruhiger und zentrierter werden. Mit wachsender Meditationserfahrung nimmt auch die innere Ruhe zu. Allerdings sind die vielen Gedanken und Gefühle, die auftauchen, wenn wir die Augen schließen, ganz natürlich, und wir können uns eher freuen, wenn Momente der Ruhe und Stille sich innerlich ausbreiten. Bis der nächste Gedanke hereinbricht! Das Entscheidende daran ist, dass wir bei der Meditation nirgendwo wirklich ankommen müssen. Vielmehr geht es darum, uns mit unserer Aufmerksamkeit genau hier, an diesem Platz, unter all den gegebenen Umständen, mit all den auftauchenden Gedanken und Gefühlen, niederzulassen und im Jetzt anwesend zu sein. Für einen kurzen oder für einen längeren Moment.

Bei der informellen Atemübung wird im Alltag die Aufmerksamkeit zwischendurch zum Atem hingelenkt. Es geht darum, den Atem zu spüren und sich für einen Moment mit ihm zu verbinden. Unabhängig davon, ob wir gerade flach, unregelmäßig oder tief atmen. Atem und Achtsamkeit sind dabei wunderbare Partner und auf natürliche Weise miteinander verbunden. Indem wir unsere Aufmerksamkeit für eine kurze Weile auf unseren Atem lenken, verändert dieser sich automatisch und damit auch zugleich unser Befinden. Wenn wir zum Atem hinspüren, nehmen wir eine Bandbreite an Empfindungen in uns wahr: Wut, Freude, Verunsicherung, Aufgeregtheit, Druck usw. Diese Aufmerksamkeitslenkung holt uns zurück in die Gegenwart. Sie intensiviert den Kontakt zu uns selbst und schafft gleichzeitig ein Stück Distanz zum gegenwärtigen Erleben.

Achtsamkeitspraxis entsteht aus der Kombination, die Wahrnehmung für eine gewisse Zeit exklusiv nach innen zu richten (formelle Meditation) und spontan, spielerisch im Alltag innezuhalten (informelle Meditation). Die formelle Meditation kann zu jeder Tageszeit im Sitzen, Liegen oder Gehen ausgeführt werden. Auch hier kannst du ausprobieren, was zu dir und deiner Lebensweise passt. Wenn du am Morgen meditierst, kann diese Erfahrung zu einem vertrauten Hafen werden, von dem aus du in den Tag aufbrichst und zu dem du (mittels des Atemgewahrseins im Laufe des Tages) für kurze Zeit zurückkehren und auftanken kannst. Eine Meditation am Abend lässt dich den Tag abschließen und bringt dich in eine ruhigere, entspanntere Verfassung, perfekt für einen wohltuenden, tiefen Schlaf.

Oftmals verbinden wir Achtsamkeit mit Bildern von Frieden und Harmonie. Ja, es stimmt, achtsames Verhalten bringt unweigerlich mehr Frieden und Harmonie in unsere Innen- und Außenwelt. Allerdings begegnen wir, wenn wir uns wirklich für das öffnen, was in uns auftaucht, auch oft düsteren Gedanken und Gefühlen. Achtsam zu sein, bedeutet, auch den zermürbenden Gefühlen und Gedanken Aufmerksamkeit zu schenken, und sie verhilft uns zunehmend dazu, weniger impulsiv zu handeln. Doch achtsam sein heißt nicht, nichts zu tun. Heißt nicht, alles ertragen und aushalten zu müssen. Achtsamkeit darf uns nicht lähmen oder handlungsunfähig machen, sondern wir dürfen die positiv empfundenen Gefühle und Gedanken auskosten, aber eben genauso achtsam gegenüber den unangenehmen Zuständen sein. Wut und Ärger müssen nicht weggeatmet oder wegrationalisiert werden, sondern können in wohlüberlegte Worte und Taten fließen. Konflikte sollten ausgetragen werden, bevor sie sich explosionsartig ihren Raum nehmen.

Das Schöne daran ist: Wir können zu jedem Zeitpunkt und in jeder Situation in eine achtsame Haltung übergehen. Auch wenn wir in Eile sind oder merken, dass Wut und Ärger uns überschwemmen. So geht es darum, mit allen Sinnen im Moment zu sein, bei dem zu sein, was gerade passiert. Aus einer achtsamen Haltung heraus können sich dann selbstfürsorgliche Handlungen entwickeln.

> **Der alleinige Maßstab für die Dinge, die wir im Sinne der Selbstfürsorge tun, ist das subjektive Erleben und die Absicht, sich selbst umsorgen zu wollen.**

In Eva Kauls Worten: „Erst in der individuell erlebten Erfahrung wird spürbar, was sich gut anfühlt und das Selbst nährt. […] Wenn der Akt der Fürsorge bewusst vollzogen und empfangen wird, fühlt das Selbst sich gemeint und genährt" (2012, S. 5).

Jede Handlung kann im Alltag, wenn sie mit Achtsamkeit und dem Bewusstsein verbunden wird, sich selbst etwas Gutes zu tun, zu einem Akt der Selbstfürsorge werden. Je mehr wir uns unseren Gedanken und Gefühlen zuwenden, je mehr wir in Momente von Ruhe und Frieden eintauchen können, desto dringlicher wird manchmal der Wunsch nach einer Dauerhaftigkeit dieses Erlebens, geordnet, ruhig, im Fluss. Achtsamkeit kann dann manchmal fast zu einem Kontrollorgan umfunktioniert werden, weil wir alle negativen Empfindungen ausklammern, kontrollieren oder negieren wollen. Das wiederum macht uns aber auf lange Sicht ganz starr in unserem Sein. Wir dürfen in bestimmtem Ausmaß aber einfach Mensch sein: Wir explodieren, sind außer uns, werden laut und ungehalten. Das ist gut so! Wir brauchen das große, weite Spektrum unserer Gefühle und Gedanken, denn es hält uns lebendig.

Achtsamkeit im trubeligen Alltag

Im Trubel des Alltags kommen wir oft in einen vertrauten, eingesessenen Trott und vergessen schlicht, uns diese Momente des Innehaltens zu schenken. Es gibt schließlich so viel zu tun, im Kopf türmen sich die Gedanken und die Emotionen wirbeln in alle Richtungen. Der Körper verspannt. Und irgendwie ist gerade keine Pause in Sicht, weder am Arbeitsplatz noch zu Hause. In solchen Momenten mag uns die Vorstellung von Selbstfürsorge, Achtsamkeit und einem inneren Ort fast lachhaft erscheinen. Allerdings gibt es etwas, das immer da ist, und an das wir uns erinnern dürfen. Auch in diesen dichten Momenten! Denn eng an den inneren Ort ist eine heilsame, tiefe Ebene geknüpft, die unserem Innenleben zugrunde liegt und oftmals vom Tagesbewusstsein überlagert wird. Diese Ebene ist – wie aufgewühlt wir auch immer sein oder wie getrennt wir uns von ihr fühlen mögen – immer da, selbst wenn wir sie gerade nicht spüren können oder das Gefühl haben, keinen klaren Gedanken fassen zu können. Übungen der Achtsamkeit und Bewegungen, die in enger Verbindung zum eigenen Atem ausgeführt werden, ermöglichen den Zugang zu dieser Ebene. Manchmal ist das wie eine zarte Berührung, manchmal wie ein tiefes Eintauchen.

Aber woher sollen wir die Zeit für Übungen nehmen, wenn sich eh schon alles so aufdrängt und uns zu überschwemmen droht? *Übungen* – das klingt auch schon wieder mühsam. Muss es aber gar nicht sein, denn wir können unsere Alltagstätigkeiten in Übungen verwandeln und zwar, indem wir unsere ganze Aufmerksamkeit auf unsere jetzige Tätigkeit richten und dabei unseren Atem spüren: wenn wir uns die Hände waschen, etwas trinken, das Handy in die Hand nehmen oder wenn wir zur U-Bahn gehen. Es bieten sich unzählige Möglichkeiten. Wir halten kurz inne und sind in diesem Moment anwesend. Wir nehmen mit allen Sinnen wahr, was wir gerade tun. Und vielleicht steht die turbulente Welt dann für einen kurzen Moment still.

Zudem gibt es zwei praktische Apps, die diese achtsamen Momente im Alltag vermehren oder unterstützen können. Die App „Mindfulness Bell" (Glocke der Achtsamkeit) bezieht sich auf die Tradition des inzwischen verstorbenen vietnamesischen Mönchs Thích Nhất Hạnh und lässt nach Belieben ein- oder mehrmals stündlich den Ton einer Klangschale erklingen. Das Erklingen der Glocke schenkt die Möglichkeit, im Tun für einen Moment innezuhalten und sich der Gegenwart bewusst zu werden. Die App „Conscious" regt wiederum dazu an, Achtsamkeit im Alltag mit unterschiedlichen Schwerpunkten zu praktizieren und so die eigene Wahrnehmung zu reflektieren. Täglich wird eine abwechslungsreiche Aufgabe gestellt, die den Fokus auf einen bestimmten Aspekt im Alltag lenkt. Am Abend kann die persönliche Erfahrung anhand eines digitalen Eintrags reflektiert werden.

Wenn wir diese Momente der bewussten Gegenwärtigkeit über längere Zeit kultivieren, wird diese Haltung der Achtsamkeit zu einem natürlichen, vertrauten Zustand. Ein innerer Wahrnehmungsprozess wird angeregt und wir weiten unser Bewusstsein aus. Der Atem wird zu einem Anker, sodass wir mit der Zeit innerlich stabiler werden. Wir verankern uns in der Gegenwart, im Hier und Jetzt.

IMPULS FÜR DICH: TAKE IN THE GOOD

Negative Erlebnisse und Gedanken nisten sich regelrecht in unserem Gehirn ein, aber wir können ihnen regelmäßig und bewusst etwas Positives entgegensetzen. Der Neuropsychologe Rick Hanson spricht von „Take in the Good" (2014) und meint damit, dass man die guten Erfahrungen, Erlebnisse und Tatsachen in kleinen Schritten bewusst verinnerlicht. Achtsamkeit hilft uns dabei, diese im Leben überhaupt wahrzunehmen, präsent zu sein, wenn etwas Gutes passiert, und diese Momente regelrecht auszukosten.

Diese Übung kannst du jederzeit durchführen, wenn du etwas für dich Positives erlebst. Vielleicht bist du unterwegs oder zu Hause. Du stehst, sitzt oder liegst.

Du verweilst dann in diesem Zustand, genießt diese Gefühle 20–30 Sekunden lang. Vielleicht kannst du das angenehme Erlebnis im Brust-, Bauchraum oder im ganzen Körper spüren. Oder das Gute wird zu einem Gedanken. Unabhängig davon, wie du diese positive Situation wahrnehmen kannst: Lass das angenehme Körpergefühl, die guten Gedanken oder die schönen Bilder in dich einsinken. Koste sie aus und bade förmlich für einen Moment in ihnen. Schenke dir täglich diese 30 Sekunden, wenn dir etwas Gutes widerfährt. Mehr braucht es gar nicht.

PLATZ FÜR DEINE GEDANKEN, WÜNSCHE UND ZEICHNUNGEN

Nägel lackieren und Briefe schreiben – und was bremst dich?

Keine Sorge mit der Selbstfürsorge? Von wegen! Expertin für die eigene Selbstfürsorge? Ja und nein. Wir sind eben oft Experten für das, was uns persönlich einnimmt, mit dem wir selbst viel Erfahrung gesammelt haben und von dem wir uns selbst betroffen fühlen. Wissen bedeutet also nicht gleichzeitig auch Umsetzung. Selbstfürsorge findet nicht nur im Kopf statt, ist nur bedingt planbar und braucht immer wieder aufs Neue die eigene Entschlusskraft. Vor allem dann, wenn das Leben dicht gepackt ist.

Okay, das Leben ist intensiv und voller Herausforderungen, ob nun mit oder ohne Kinder. Es tun sich immer wieder neue Welten auf – und das wird sich vermutlich nur wenig ändern. Wir brauchen also kleine Bremsen im Alltag. Was mir persönlich immer hilft und mich zur Ruhe kommen lässt: meine Nägel lackieren und den lieben Menschen Briefe schreiben!

Nägel lackieren – was für eine wunderbare Zeitverschwendung im Alltag. Oder anders betrachtet: Was für ein Luxus an Zeit. Denn das heißt, ich nehme mir den Raum, um in aller Seelenruhe einen Nagel nach dem anderen zu lackieren. Da möchte ich nicht gestört werden und beginne reflexartig, ruhiger zu atmen. Mein Geist hält inne. Dann müssen die Nägel eine Weile trocknen, nach dem Trocknen sollte ich keine „aufreibenden" Arbeiten verrichten – eigentlich sogar an den darauffolgenden Tagen nicht. Vielmehr sollte ich tagelang auf einem blumenverhangenen Thron sitzen und die Welt betrachten ... Okay, ich mache das nicht, aber meine Nägel signalisieren mir dies mehrere Tage lang. *Es gibt nichts zu tun. Schone dich.* Diese Botschaften machen mich dann in dem einen oder anderen Moment sehr glücklich.

Briefe schreiben. Auf den ersten Blick sind Briefe im digitalen Zeitalter mit all seiner wunderbar schnellen Vernetzung vielleicht ein überflüssiges Gut. Aber nein, das sind sie gar nicht, zumindest nicht auf den zweiten Blick. Wie schön es ist, einen Brief, angefüllt mit eigenen Gedanken und Gefühlen, in den Postkasten zu werfen. Für das Schreiben von Briefen muss man wirklich Zeit, eigentlich sonst nichts zu tun haben. Oder man nutzt es und schreibt sie gerade dann, wenn richtig viel los ist und die Gedanken sich auch spät am Abend noch überschlagen.

Mindestens eine halbe Stunde ungestörte Zeit sollte man sich nehmen. Für eine Weile tief in das eigene Leben eintauchen oder auch einer Vogelperspektive gleich auf die momentane Lebensphase schauen. Wie wohltuend ist es doch, einen Brief zu schreiben, die plötzliche Ruhe zu erleben. Der regelmäßige Schreibfluss (ohne großes Nachdenken, sondern aus dem Bauch heraus schreiben!) geht in einen Flow-Zustand über – und wir fallen aus der Zeit. Wenn dann die Hand erschöpft ist, wird der Brief schnell beendet, nach Belieben durchgelesen und in den Umschlag gesteckt. Ganz wichtig dabei: Man sollte ihn möglichst zeitnah in den Postkasten werfen. Ein Stück von dir geht auf die Reise zu einem anderen Menschen.

IMPULS FÜR DICH: DEINE BREMSEN

Was bremst dich im Alltag? Welche Handlungen machen dich langsamer, lassen dich innehalten?

PLATZ FÜR DEINE GEDANKEN, WÜNSCHE UND ZEICHNUNGEN

Was macht der Mann mit meinem Tagebuch auf meiner Yogamatte?

Dieses Erlebnis liegt bereits zwanzig Jahre zurück. Damals wurden Yoga und Meditation zu einem wichtigen Teil in meinem Leben, wobei ich eher zufällig auf Yoga stieß, denn eigentlich suchte ich nach einem Meditationszentrum. Ich meditierte seit geraumer Zeit und suchte einen Ort für ein gemeinschaftliches Eintauchen in die Stille. Ich suchte und suchte, bis ich schließlich auf eine Kursausschreibung für Studierende in einer neu gegründeten Yogaschule nahe der Hamburger Uni stieß: „Yoga und Meditation". „Yoooga?", dachte ich und rümpfte innerlich die Nase. Ich war nicht sonderlich überzeugt von dieser Bewegungsart, die mehr oder weniger nur an einem Fleck stattzufinden schien, und in der mit unendlicher Ruhe verschiedene Bewegungen ausgeführt werden sollten. Es machte mich eher unruhig und aggressiv statt ausgeglichen und gelassen. Aber okay, entschied ich, dann nehme ich Yoga halt in Kauf. Hauptsache Meditation.

Bereits nach der ersten Stunde „Yoga und Meditation" war ich gefangen von dieser unglaublichen Intensität, meinen Körper spüren zu können. Schon die kleinsten Muskeln, die ich noch nie zuvor gefühlt hatte, zeigten sich auf meinem Spürradar. Ich ging also regelmäßig in die Yogaschule, die weiß und aufgeräumt aussah und ein bisschen heilig roch. Den Yogalehrer mochte ich sehr, denn er schien zu wissen, wo es im Leben lang geht, zudem war seine Kleidung auch weiß und aufgeräumt.

Ganz bald kaufte ich mir eine schöne, weiche Lammfellmatte und versuchte mich zu Hause an einer kleinen Übung aus der Yogaschule. Dann zwei, dann drei Übungen, bis sich meine kostbare Yogazeit zu Hause zunehmend verlängert hatte. Am liebsten begab ich mich am frühen Morgen auf meine Yogamatte. Da war es draußen und in mir noch still, irgendwie auch ein wenig heilig. Obwohl sich zu diesem Zeitpunkt viele Aspekte meines Lebens schwer anfühlten, spürte ich auf meiner Yogamatte: *Es ist alles in seiner Ordnung. Alles darf sein.* Ich dachte keine klugen Worte, sondern spürte sie in meinem Körper, und das jeden Tag ein

Stückchen mehr. Ich wusste mich auf einmal sicher und geborgen – zumindest auf meiner Yogamatte.

Das Leben ging weiter, und inzwischen begleitete mich Yoga nun schon fast ein Jahr lang. Ich hatte meine Yogakleidung, am liebsten weiß oder hell, meine Kerze, meine Räucherstäbchen, mein hübsches Meditationskissen und, wie gesagt, die kuschelige, weiße Matte. Das alles war mir heilig geworden. Eines Tages verliebte ich mich dann auf einer Party in einen gutaussehenden, lebensfrohen Mann, einen Naturwissenschaftler, der komplexe Sachen mit großer Geduld faszinierend erklären konnte. Er liebte Musik über alles und fand Räucherstäbchen furchtbar. Nach unserer Begegnung gingen ein paar Wochen ins Land, doch der Gedanke an diesen Mann ließ mich nicht los. Also gingen wir schließlich eines Abends aus: Wir besuchten zuerst eine Vernissage und gingen danach in ein türkisches, etwas schmuddeliges Lokal, in dem er mich wunderbar durch zahlreiche Witze zum Lachen brachte. Ich liebte es. Verliebte ich mich gerade in ihn?

Dann wurde es spät und wir standen auf der Straße vor meinem Wohnhaus. Nach längerem inneren Abwägen lud ich ihn doch ein, noch mit zu mir ins WG-Zimmer hinaufzukommen – auf einen Tee. Auf einen Tee nachts um zwei? Er stimmte trotzdem zu und kam mit. Ich kochte uns also Tee, zeigte ihm mein geliebtes Zimmer und setzte mich auf mein Bett.

Und dieser witzige, kraftvolle Mann? Er, der an diesem Abend mein Herz im Sturm erobert hatte, rollte nun schwungvoll meine reinweiße Yogamatte aus, setzte sich in seiner tagdurchlebten Jeans auf mein Meditationskissen und schnappte sich mein daneben liegendes Tagebuch. Er öffnete es interessiert, wollte darin zu lesen beginnen, ließ es dann doch wieder fallen und sagte: „Ups?"

Ich war fassungslos. Mein Herz war versteinert und meine Seele gefroren. Dieser Mann hatte nicht nur meine Yogamatte, sondern auch zugleich mein Meditationskissen entehrt. Aber damit nicht genug, denn er war ungefragt in mein Tagebuch, also quasi in mein Innerstes, vorgedrungen. Ja gut, auf meinem Tagebuch prangte ein Foto Pippi Langstrumpfs, nichts wies also auf persönliche Inschriften hin. Aber das half mir in dem Moment auch nicht mehr, denn der Abend, schlimmer noch, der Mann schien verloren.

Dann fing der Mann herzhaft und laut an, zu lachen. Ich musste mich zwar noch eine ganze Weile sammeln, aber irgendwann fand auch ich meine Fassung wieder. Wir tranken in aller Ruhe den Tee und plauderten. Irgendwann wurde es still ... um es kurz zu fassen: Wir wurden an diesem Abend ein Paar und blieben dies auch über viele glückliche Jahre hinweg. Mit außerordentlich vielen Gemeinsamkeiten in unserer Liebe zum Leben, zueinander und zum intensiven Austausch über die

Erscheinungen dieser Welt, und vor allem trotz großer Unterschiede in unseren Persönlichkeiten und in unserem Beziehungsverhalten.

Jahre später lachte auch ich dann über die Entehrung meiner Yogautensilien. Mit abnehmender Heiligkeit dann auch umso herzhafter und lauter. So lustig die Geschichte hier klingen mag und auch mich jetzt erheitert, so sehr hatte ich in der Nacht das Gefühl, dieser Mensch, den ich nach sorgfältiger Überlegung in mein privates Zuhause gelassen hatte, würde das, was mir so am Herzen lag und was ich schützen musste, angreifen und missbilligen. Heute weiß ich, dass neue Bekannte selten erahnen können, was sich in unserem Innersten abspielt und worauf wir Wert legen.

Viele Jahre lang behütete ich meine regelmäßigen Yogastunden und meine stille Yogazeit am frühen Morgen ebenso sehr wie meine Yogamatte und -kleidung. Heute habe ich viele der körperlichen, geistigen und seelischen Zustände, die ich auf meiner Yogamatte erlebt habe, verinnerlicht. Sie sind über die lange Zeit zu einem Teil von mir geworden, was mir niemand je wieder nehmen kann. Heute weiß ich mich sicher, aber damals war diese äußere Struktur für mich überlebenswichtig.

IMPULS FÜR DICH: DEIN HEILIGTUM

Was ist dir wirklich heilig? Welche Gegenstände sind für dich von großer Bedeutung? Und welche Tätigkeiten oder Rituale versuchst du regelmäßig für dich hochzuhalten? Lass einfach alle Assoziationen, die auftauchen, wenn du an „dein Heiligtum" denkst, aufs Papier fließen. Dann hast du einen visuellen Reminder: Bewahre und schütze diese Aspekte in deinem Alltag.

PLATZ FÜR DEINE GEDANKEN, WÜNSCHE UND ZEICHNUNGEN

Ich habe keine Ahnung!

Wie gut ist es doch in unserer heutigen Zeit, etwas auch mal *nicht* zu wissen, vor allem in Anbetracht all der Ratgeber, Tutorials und Lebenslehrer*innen, die uns umgeben. Da ich mich auf das Stressmanagement spezialisiert habe, taucht regelmäßig in meinem Innern und auch in meinem Umfeld der Anspruch an mich auf, doch zu wissen, wie es geht. *Es?* Wie man gelassen und zentriert durchs trubelige Leben schreiten könne. Wie man in jedem Moment die passende Lösung parat haben könne. Und wie man auch in stressigen Situationen immer und überall wunderbar für sich selbst sorgen könne. Was für ein Irrtum! Wenn mir alles über den Kopf wächst, könnte ich Gefasel über Selbstfürsorge und Achtsamkeit in die Tonne treten. Da ist es doch viel hilfreicher, die Achseln zu zucken und nichts zu wissen. Von einem Moment zum anderen zu gehen. Mit einer offenen Haltung einen Freund anzurufen. Mit leerem, unwissendem Blick in den Tag zu schauen. Das aber ist schon nicht leicht, wenn sich im Kopf tausend Gedanken abspielen, aber noch viel anstrengender, wenn die innere Stimme Super-Experten-Ratschläge abgibt. Da säuselt es in mir „Einatem, Ausatem" oder „Ich bin nicht der Schmerz" bis hin zu „Nur wer loslässt, hat die Hände frei" – manchmal absolut unerträglich!

Ein wichtiger Aspekt der Selbstfürsorge: herausfinden, ausprobieren und experimentieren damit, was dir guttut. Was gibt dir persönlich Kraft, was schenkt dir Energie, aber bei welchen Aktivitäten wirst du jedoch müde und verlierst schnell an Energie? Welche Menschen tun dir gut, geben dir ein Gefühl von Zuhause, von Akzeptanz, zeigen wahres Interesse an deiner Person, deinen Motiven, deinen Fragen und Antworten? Bei diesen Fragen hilft es, deinen Körper zu spüren, also sensibler für die Signale deines Körpers zu werden, hellhöriger für die auftauchenden Gefühle. Im nächsten Schritt geht es dann um die Reaktion auf diese Signale. Ich kann es nicht oft genug wiederholen: Das ist ein lebenslanger Prozess, mit Wiederholungen, neuen Wegen, neuen Zeichen. Manches wird neu dazukommen, manches bleiben, manches gehen.

Etwas nicht zu wissen, ist gar nicht so leicht auszuhalten. Häufig wollen wir etwas machen, etwas tun, etwas an unserem Zustand verändern. Und an manchen dieser seltsamen Tage spult sich in mir ein buntes Programm ab aus Yoga, Loslassen, Atem spüren, Hier-Sein, Herz öffnen und Freude atmen. Das ist leider ebenso anstrengend wie erfolglos. Dann versucht mein Kopf, die Situation einzuordnen und in Gefühlen zu stöbern, die irgendwie dumpf, unklar und unbenannt in mir herumschwirren. Wie erlösend ist es dann, alles fallen zu lassen, alle Ideen in den Wind zu werfen, es *nicht* zu wissen. Ich habe keine Ahnung, ich weiß gerade auch nicht, was in mir vorgeht. Ich weiß auch nicht weiter.

In meinen Yogastunden ziehen wir für den Ausdruck des Nicht-Wissens die Schultern und Arme einatmend nach oben und lassen sie mit einem hörbaren Ausatmen nach unten sinken. Gern darf das Ausatmen auch in ein hörbares Seufzen übergehen. Die innere Haltung dabei: „Ich weiß es nicht. Ich habe keine Ahnung." Pause im Kopf, im Herzen, im nervigen Immer-wissen-Müssen, Erklären-Wollen, Beweisen-Können. Einfach Pause.

Auch im Gespräch mit Freund*innen oder Bekannten ist es wohltuend, ab und zu nur zuzuhören. Das hat oftmals eine viel höhere Bedeutung, als unsere eigenen Ideen, Gedanken, Erfahrungen heranzuziehen. Insbesondere dann, wenn sich die Ahnungslosigkeit des Gegenübers auf uns überträgt und wir wohlmeinend alte Weisheiten daherreden. Dann doch lieber schweigen.

Ein Blick.
Eine Berührung.
Das gemeinsame Nicht-Wissen.

IMPULS FÜR DICH: MOMENTE DES NICHT-WISSENS KULTIVIEREN

Schenk dir mitten im Alltag regelmäßig Momente des Nicht-Wissens. Wenn du etwas entscheiden willst und es dich in mehrere Richtungen zieht, verweile für einen Moment in diesem Nicht-Wissen. Halte inne, atme ein und atme aus. Nimm wahr, wie sich das Nicht-Wissen anfühlt, und entspanne dich für einen Moment.

PLATZ FÜR DEINE GEDANKEN, WÜNSCHE UND ZEICHNUNGEN

Nackenverspannungen oder Wutausbruch?

Das muss man sich mal leisten können! Einen riesigen Ausflipper am Vorabend hinlegen, um dann am nächsten Morgen schon gleich wieder den nächsten auszupacken. Das kann sich doch niemand mehr erlauben. Wer macht denn so etwas heutzutage noch mit? Sicherlich kein Arbeitgeber und nur wenige Kolleg*innen.

Oberflächlich gesehen erfolgte der abendliche Ausflipper aufgrund einer Lappalie und mit lautem, penetrantem, schier unendlichem Geschrei. Aus dem Mund meines Kleinsten wiederholte sich eine Forderung mantramäßig – ohne Ende in Sicht. Ein richtiges Mantra eben. Ein langer Tag lag hinter uns, ich, nein, wir alle waren müde. Es brauchte viel Geduld, Zuwendung und Trost. Schließlich schlief das völlig übermüdete Kerlchen ein. Ich war geschafft und fiel todmüde ins Bett.

Oh Wunder! Am nächsten Morgen wiederholt sich das Ganze – nur in aller Früh und mit neuem Mantra und neuen Bezügen! Aber die Besetzung blieb dieselbe. Mit einer Forderung, der ich, wie am Vorabend auch, in dem Moment nicht nachkommen konnte. Ich war mit dem Schmieren der Schulbrote für die Großen beschäftigt. Das Geschrei endete nicht und bedeutete die nervliche Hölle für uns drei anderen, die in der Früh noch rein und zartbesaitet waren. Erklärungen, Verständnis, Berührung – nichts half. Irgendwann, irgendwann, irgendwann renkte es sich ein und der Aufstand endete.

Auf dem Weg zum Kindergarten fand er mit mir im Auto den nächsten Anlass. Er forderte und schrie ohne ersichtlichen Anlass von der Hinterbank, während ich versuchte, mich aufs Fahren zu konzentrieren. Worum es dieses Mal ging? Tja. Wir hören gern auf dem Weg zum Kindergarten unsere gemeinsame Auto-Kindergarten-Playlist – jede*r hat die momentanen Lieblingssongs in dieser Playlist versammelt. Er wählte an diesem Morgen Joris' „Sommerregen", änderte aber seine Entscheidung direkt nach dem Losfahren. Shakiras Dauerbrenner „Waka Waka" sollte es nun stattdessen sein! Dafür muss man wissen: Ich fahre ein altes Auto und nutze für die Musik eine zusätzliche Lautsprecherbox, die ich immer mit ins Auto nehme. Es gibt also weder eine Fernbedienung noch ein übersichtliches Display auf dem Armaturenbrett und ein Songwechsel bedeutet: rechts ranfahren, anhalten, Song wechseln, weiterfahren. Wir aber waren schon spät dran. Ich erklärte ihm dies, was absolut nichts änderte. Kein Verständnis, keine Geduld. Er forderte stattdessen, wir sollten zurück in die Garage fahren und mit dem richtigen Lied noch einmal losfahren. Ich war stinksauer!

Bei der nächsten Möglichkeit hielt ich schwungvoll und mit fetter Abbremsung am Straßenrand an, brüllte meine Wut heraus, wählte das bescheuerte „Waka-Waka"-Lied und pfefferte ihm die Lautsprecherbox auf den Rücksitz. Ich war am Ende meiner Geduld. Es reichte. Ich wollte nicht mehr. Und wenn mein großes Mutterherz mich nicht davon abgehalten hätte, hätte ich mir ein rotes, kleines Lackköfferchen geschnappt und wäre auf und davon. Auf direktem Weg zum Flughafen, nach New York, um mich dort in ein riesiges Loft allein einzumieten. Dort würde ich dann bis ans Ende meiner Tage ein glückliches, kinderloses Single-Leben führen!

Ich bediente mich des roten Lackköfferchens aber erst mal nur in meiner Fantasie und brauste mit heulendem Motor Richtung Kindergarten weiter. Er hingegen heulte nun weiter – auf höchster Stufe! Jegliches Mitgefühl meinerseits war verschwunden. „Ja, es ist furchtbar für ihn", dachte ich nüchtern. Irgendwann, irgendwann, irgendwann endete das Weinen hinten ganz von selbst. Als wir dann ausstiegen, schauten wir uns an und umarmten uns einmal ganz lang und fest. Das fühlte sich schön an.

Nachdem ich ihn in seiner Gruppe abgegeben hatte, brauchte ich erst einmal eine kurze Pause vor der Arbeit. Ich war unfassbar erschöpft nach zwei Stunden intensiver Emotionen und Turbulenzen. Ich machte einen Spaziergang in der Sonne und atmete tief durch. Und stellte überrascht fest, dass sich die Verspannungen der letzten Tage im Nacken- und Schulterbereich gelöst hatten. Ja, nahezu komplett weg waren. „Wow", dachte ich, „wie wichtig ist es doch in manchen Momenten, einen fetten Gefühlsausbruch zu leben. Laut zu werden, aufzuschreien, wenn jegliche Grenzen überschritten und letzte Kräfte angezapft werden."

Bei allem Verständnis für einen Dreijährigen, der sich zwischen Ablösung und Gebundensein bewegt. Für den das Leben in manchen Momenten ungeahnte, bedrohliche Turbulenzen bietet. Großes Herz, großes Verständnis, große Liebe. Aber dabei dürfen wir uns selbst nicht vergessen. Wie gut es tut, meiner Wut Luft und Ausdruck zu geben. Laut zu werden, Emotionen rausschießen zu lassen. Genug tief geatmet, denn irgendwann ist dann auch Schluss. Bei all der jahrzehntelangen Achtsamkeitspraxis und Innenschau darf ich hellhörig bleiben für den Punkt, wo genug dann auch genug ist. Darf feinfühlig dafür sein, dass auch ich ein Mensch bin.

Tipps zum Abbremsen im Alltag

Wir brauchen kleine Bremsen im Alltag. Oft sind das einfach schon die kleinen Dinge, die einen Unterschied machen im Strudel des Gehetzt-Seins. Hier ein paar Anregungen von mir, was manchmal beim Abbremsen helfen kann.

1. Die Dinge anders machen. Egal was. In unserem Alltag gibt es oftmals viele kleine Routinen, die gut und wichtig sind. In Momenten, wo wir nur noch allem nachzurennen scheinen, hilft es, diese Routinen aufzubrechen. Woanders einkaufen zu gehen, eine andere Strecke zu fahren, den Abwasch stehenzulassen, ganz spät ins Bett zu gehen oder ganz früh aufzustehen. Egal was. Einfach nur anders.
2. Sich plötzlich umentscheiden. Wenn der Kellner kommt, etwas anderes ordern als geplant, oder die ausgesprochene Bestellung bereits im nächsten Atemzug wieder umändern. Ein Treffen absagen. Doch nicht zum Sport gehen oder doch schwimmen gehen. Dabei darfst du einfach deiner Intuition folgen, das ist wichtig. Höre deinem Bauchgefühl gut zu. Was sagt der Körper, was das Herz? Ignoriere jetzt mal den Kopf.
3. Einfach mittendrin stehenbleiben. Kurz innehalten, wenn du unterwegs bist oder arbeitest. Einen Moment einfach nichts tun: nur einatmen, ausatmen. Weiter. Aber wichtig: Dabei auch nicht achtsam sein wollen.
4. Die Hände in Erde vergraben. Auf dem Balkon, auf der Terrasse, im Garten, im Blumentopf. Ein bisschen gärtnern, ganz entspannt, und die Erde fühlen. Das Grün anschauen.
5. Tätigkeiten mit der linken (oder der rechten) Hand ausführen. Die sonst weniger aktive Hand einsetzen. Dauert alles etwas länger und fühlt sich seltsam und ungewohnt an. Gut so.
6. Schau dir deine Mitmenschen an. Nimm die Menschen neben dir und um dich herum mit einem offenen Blick wahr. Im Bus, in der U-Bahn, an der Ampel, im Supermarkt.
7. Falls wirklich mal alles viel zu viel ist, dann fang ein dickes Buch an. So dick, dass du das Gewicht in deiner Tasche merkst, wenn du unterwegs bist. Und dann lies bei jeder Gelegenheit: vor dem Einschlafen, kurz nach dem Aufwachen, in der Bahn, auf der Toilette, im Büro.

PLATZ FÜR DEINE GEDANKEN, WÜNSCHE UND ZEICHNUNGEN

„Stark sein bedeutet, fühlen können."

Fernando Pessoa

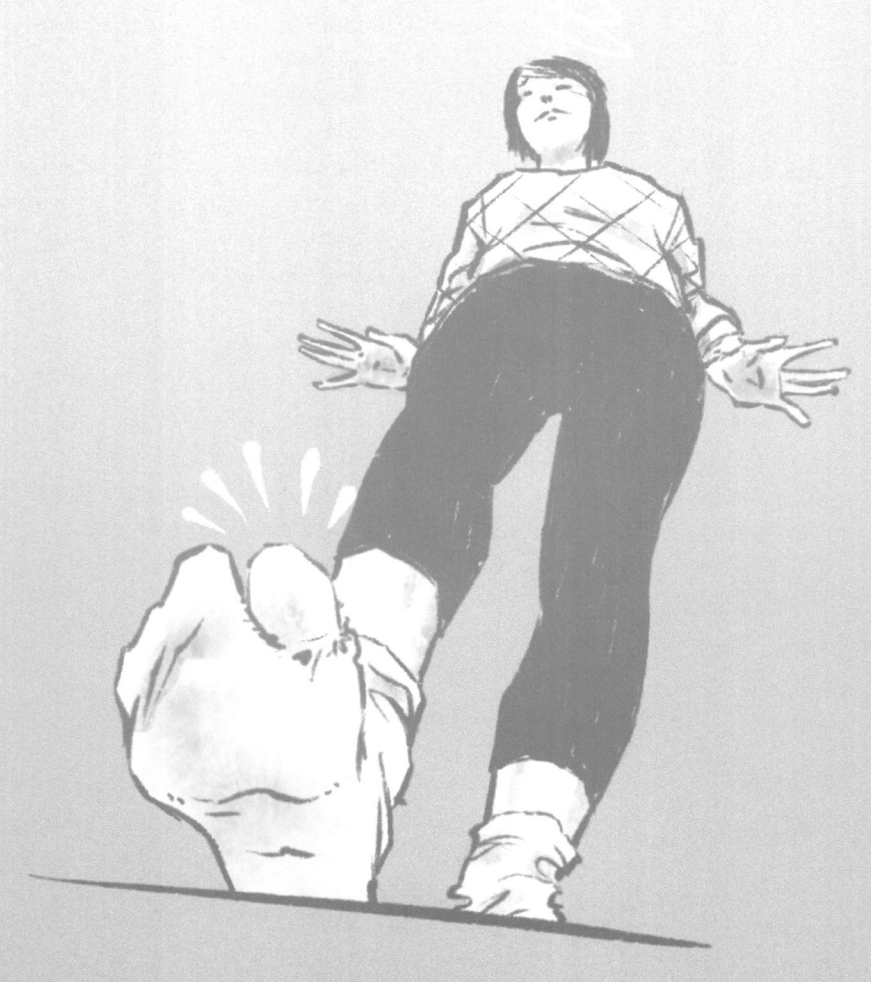

Selbstmitgefühl

Kennst du das? Deinem Freund oder deiner Freundin geht es schlecht. Er/sie wendet sich an dich und erzählt von seinen/ihren Sorgen, Ängsten, Beklemmungen. Du hörst zu. Du wendest dich diesem Menschen zu. Wenn es einem guten Freund oder einer lieben Freundin nicht gut geht, sind wir voller Verständnis. Wir hören geduldig zu, auch wenn wir manche Themen, manche Verwirrungen schon häufiger miterlebt haben. Wir sind liebevoll und mitfühlend. Ja … wir sind einfach da. Wir sagen gute Ratschläge oder tröstende Worte, die dem verzagten, verärgerten, traurigen Menschen warm ums Herz werden lassen oder die ihm ein Stück Geborgenheit schenken.

Kennst du das? Es geht dir nicht so gut. Vielleicht geht es dir sogar ziemlich schlecht. Du fühlst Druck auf deiner Brust, einen Kloß im Hals. Es scheint eine schwere Last auf deinen Schultern zu liegen. Möglicherweise fühlen sich dein Nacken und Rücken wie ein starres, hartes Brett an oder dir schwindet jegliche, körperliche Energie. Du versuchst, dich abzulenken oder diese Wahrnehmungen im Keim zu ersticken. Du wirst ungeduldig, bist genervt, verständnislos, ängstlich oder entwickelst eine diktatorisch anmutende Strenge dir selbst gegenüber.

Kennst du das?

Ich kenne das. Ich kenne das sogar sehr gut. Doch inzwischen weiß ich, dass es auch ganz anders sein kann. Denn das Erstaunliche ist, dass in der Regel unser ganzes Fürsorgesystem anspringt, wenn es um das Leid oder die Schwierigkeiten uns nahestehender Menschen geht. Bei manchen ist dieses Fürsorgesystem deutlicher ausgeprägt, bei anderen weniger. Und dann gibt es interessanterweise die Menschen, die nach außen keinerlei emotionale Reaktion auf das mitgeteilte, drängende Anliegen ihres Mitmenschen zeigen. Im Gegenteil: Gefühlt wird kräftig an einer dicken, hohen Mauer gearbeitet, um sich womöglich selbst vor der

Schwere und dem Leiden des anderen zu schützen. Dennoch: Bei den meisten von uns löst der Kummer eines Menschen, der uns am Herzen liegt, schnell Gefühle von Wärme und Trostgeben aus. Wir sind da, wir sind präsent. Schön.

Weniger schön ist dann der Moment, in dem wir realisieren, wie wenig Wärme und Trost wir häufig für uns selbst übrig haben. Wenn das Leben uns gerade nicht so leicht und tänzelnd zu begegnen scheint, treten wir häufig besonders hart und unbarmherzig an uns selbst heran. Dann können wir nicht ganz geduldig die Gedanken kommen und die Gefühle sich ausbreiten lassen. Wir wollen auf keinen Fall all das umarmen, was gerade aus uns herausbrechen will, sondern wollen es ganz weit wegschieben, bis es nicht mehr da ist. Irgendwie scheint unser eigenes Leid etwas anderes zu sein, obwohl es gar nichts anderes ist. Es ist menschlich: zu verzagen oder enttäuscht, traurig, durcheinander, wütend, verärgert zu sein. In diesen Momenten aber lassen wir uns häufig selbst im Stich.

Der klinische Psychologe Christopher Germer beschreibt in seinem Buch *Der achtsame Weg zum Selbstmitgefühl* (2015), wie wir unser Selbstmitgefühl auf fünf Ebenen vertiefen können. Diese Ebenen decken sich mit denen der Selbstfürsorge, denn sie sind eng miteinander verwoben. So wie einerseits das Selbstmitgefühl selbstfürsorgliche Handlungen, Aktivitäten und Gedanken beinhaltet, ist auf der anderen Seite das Zusammenspiel von Selbstmitgefühl und Achtsamkeit wesentlich für die Selbstfürsorge. Wenn wir nämlich auf achtsame Weise unsere Empfindungen auf körperlicher, geistiger und emotionaler Ebene wahrnehmen, ist wichtig, wie Brechbühl und Pfeifer-Burri in ihrem bereits erwähnten Artikel (2012) beschreiben, dass wir diesen Beobachtungen mit einer freundlichen, wertschätzenden Haltung begegnen, um im Sinne der Selbstfürsorge wirken zu können.

In der Selbstfürsorge nehmen wir demnach eine Haltung ein, die von Selbstmitgefühl geprägt ist. Wir versuchen uns selbst gegenüber weniger selbstkritisch zu sein und stattdessen eine umso positivere, wohlwollendere Haltung den eigenen Schwächen und Fehlern gegenüber zu entwickeln. Wir streben an, freundlicher, geduldiger und verständnisvoller mit uns selbst umzugehen. Ja, insbesondere in den Momenten, die für uns schwer sind, wo wir unsere eigene Zuwendung am meisten brauchen, versuchen wir, für uns selbst da zu sein.

Drei Elemente des Selbstmitgefühls

Die Psychologieprofessorin Kristin Neff hat viel rund um das Thema Selbstmitgefühl geforscht und arbeitet eng mit Christopher Germer zusammen. Sie spricht in ihrem Buch *Selbstmitgefühl. Wie wir uns mit unseren Schwächen versöhnen und uns selbst der beste Freund werden* (2012) von drei grundlegenden Elementen des Selbstmitgefühls: Achtsamkeit, Verbundenheit und Selbstfreundlichkeit.

Wir benötigen *Achtsamkeit*, um wahrzunehmen, dass wir leiden bzw. dass etwas gerade unangenehm ist oder war. Denn die Momente des Leidens können ganz klein oder kurz sein und werden im Alltag schnell wieder von Handlungen oder Gedanken überdeckt. Doch manchmal bleibt ein seltsames Gefühl, ein Unbehagen in der Magengegend oder im Brustraum, das wir vielleicht gar nicht genau benennen können. Die Haltung der Achtsamkeit, also dieses umsichtige Registrieren von Gefühlen, Körperempfindungen und Gedanken, dient demnach als Grundlage für das Selbstmitgefühl. Mit dieser offenen Haltung nach außen und innen haben wir die Möglichkeit, die teils feinen Regungen von innerem Leiden wahrzunehmen. Auf lange Sicht fühlen wir uns so viel wohler, wenn wir ab und zu schauen, was eigentlich in uns weh tut oder uns bedrückt. Es kann helfen, unangenehmen Gefühlen mehr Raum zu geben, anstatt ständig vor ihnen davonzulaufen.

Das zweite Element des Selbstmitgefühls ist die *Verbundenheit*. Wenn es uns nicht gut geht oder alles nicht so läuft, wie wir es uns gewünscht oder erhofft hatten, verdunkelt sich unser Gemüt. Wir kreisen um uns selbst und bekommen schnell den sogenannten Tunnelblick: Unser Denken und Fühlen verengt sich auf das aktuelle, negative Geschehen. Wir sind dann wenig in der Lage, konstruktive Schritte auszumachen, geschweige denn zu gehen. Oftmals haben wir zusätzlich das Gefühl, wir wären als Einzige dem Unglück und Unwohlsein ausgesetzt. Dem ist aber nicht so! Daran dürfen wir uns in diesen Momenten bewusst erinnern. Letztendlich leiden alle Menschen irgendwann und irgendwie. Es gibt kein Leben ohne Leiden, wir sind also mit unseren Erfahrungen nicht allein auf der Welt. Uns und die anderen Menschen verbindet, dass uns etwas Unangenehmes widerfahren ist, dass wir uns manchmal unglücklich fühlen, manchmal an uns selbst und am Leben (ver-)zweifeln.

Oftmals sind es vor allem die kleinen Punkte, die sich summieren und unser Wohlbefinden eintrüben können: Empfindung von Stress, Schlafmangel, Zeitdruck, Ungeduld, Unlust. Dann tut es gut, bewusst den Kopf zu heben und sich umzuschauen: Möglicherweise sitzt uns im Bus ein Mensch gegenüber, der letzte Nacht auch richtig schlecht geschlafen hat, und der wie ich nicht weiß, wie er diesen Tag mit all seinen Anforderungen bewältigen soll. Sich innerlich mit den anderen zu verbinden, kann uns trösten und beruhigen. Wir fühlen, dass wir nicht allein mit unseren Nöten sind.

Das dritte Element vom Selbstmitgefühl, das Kristin Neff beschreibt, ist die *Selbstfreundlichkeit*. Das bedeutet, dass wir uns regelmäßig vor Augen führen dürfen, was uns im Leben bereits alles gelungen ist und weiterhin gelingt. Wir können unsere persönlichen Stärken und Talente hervorheben und anerkennen, statt sie als selbstverständlich hinzunehmen. Ja, wir dürfen all das, was wir täglich tun und was uns als Persönlichkeit ausmacht, immer wieder innerlich würdigen.

Die Kultivierung von Selbstfreundlichkeit meint auch, auf der kognitiven Ebene einen wertschätzenden Umgang mit sich selbst zu pflegen: bezüglich der eigenen Schwächen und Fehler geduldiger und liebevoller werden. Entspannter damit umzugehen, wenn etwas mal nicht so leicht fällt. Und ja, sich auch mit den Eigenschaften anzufreunden, mit denen wir anderen (und manchmal auch uns selbst) auf die Nerven gehen. Zunehmend dürfen wir uns darin üben, unsere nicht so schönen Seiten anzunehmen. Wir müssen sie nicht lieben, aber wir können ihnen einen Platz in unserem Wesen zugestehen.

Auch die innere Stimme, die gern uns und unser Verhalten scharf kommentiert, darf mit der Zeit milder werden. Diese innere Stimme hat sich aus vergangenen, für uns signifikanten Begegnungen mit unseren Mitmenschen zusammengesetzt. Sie hat häufig einen rauen, energischen oder sogar leicht genervten Ton, während sie in manchen Situationen vielleicht eher gelangweilt oder kritisch klingt. Auch hier dürfen wir Selbstfreundlichkeit kultivieren, indem wir sanfter zu uns sprechen und Raum für andere Kommentare in uns schaffen. Das dürfen wir ganz regelmäßig tun, denn diese scharfe, nörgelnde Stimme ist beharrlich. In den Worten der Philosophin und Autorin Ariadne von Schirach: „Es hat mir geholfen, mit bewussten Selbstbejahungen zu arbeiten. Da steht dann Behauptung gegen Behauptung. Eine Stimme sagt: Du arme Sau, du kriegst sowieso nichts gebacken. Die andere sagt dann: Ich schaffe das schon. Ich glaube an mich. Das ist ein bisschen wie ein Ballerspiel: Niemals aufhören zu feuern, bis der Feind am Boden liegt." (2022, S. 57–58)

> **Die drei Elemente des Selbstmitgefühls:**
> - **Achtsamkeit**
> - **Verbundenheit**
> - **Selbstfreundlichkeit**

Diese gelebte Freundlichkeit im Umgang mit uns selbst kann eine schöne Wechselwirkung in sich bergen. Denn wenn wir mit uns selbst milder umgehen, fällt uns diese Milde gegenüber dem Verhalten unserer Freund*innen, Partner*innen, Kinder leichter. Den weiteren Spielraum, den wir uns selbst schenken, gestehen wir dann ganz natürlich auch unseren Mitmenschen eher zu.

Im Buddhismus ist das Selbstmitgefühl Teil der uralten Metta-Meditation. Metta bedeutet direkt übersetzt „sanft" oder „Freund". Die Psychotherapeutin und Meditationslehrerin Marie Mannschatz (2002, S. 22) übersetzt Metta weiter gefasst mit Sympathie, Herzenswärme oder liebevolle Zuwendung. Dieses Gefühl von Wohlwollen und Freundlichkeit richtet die/der Meditierende zum einen auf sich und zum anderen auf die Mitmenschen. Ganz ausgeweitet können auch alle fühlenden Wesen und das ganze Universum mit in die Metta-Meditation einbezogen werden, zudem kann sie durch Worte oder Sätze unterstützt werden.

Wir sehen: Selbstmitgefühl und Mitgefühl sind eng miteinander verbunden. Es wird also Zeit für eine kleine Übung, um sich diesem Gefühl von Wärme, Wohlwollen und Sympathie in uns anzunähern und es lebendig werden zu lassen.

IMPULS FÜR DICH: WARME WORTE

Komm in einen bequemen Sitz oder in die Rückenlage. Schließe deine Augen und richte die Wahrnehmung nach innen, hin zu dir selbst. Nimm dir etwas Zeit, um in deinen Körper hineinzuspüren, so wie er sich jetzt gerade anfühlt. Nimm deinen Atem wahr.

Wenn du dich bereit fühlst, dann denke an einen Ort, an dem du dich so richtig wohlfühlst oder an eine Tätigkeit, bei der dir warm ums Herz wird. Vielleicht magst du auch lieber an einen Menschen denken, bei dem dir das Herz aufgeht. Schau, welches Bild für dich gut passt, um ein Gefühl von Wärme und Wohlwollen in dir zu erzeugen. Häufig ist diese Empfindung gut im Brustraum spürbar. Lass zu, dass sich diese Empfindung von Wärme, Freude, Wohlwollen mehr und mehr in deinem Körper ausbreitet. Wenn du magst, kannst du nun, mit dieser gefühlten Wärme, folgende vier Metta-Sätze innerlich zu dir sprechen:

> *Möge ich glücklich sein.*
> *Möge ich mich sicher und geborgen fühlen.*
> *Möge ich gesund sein.*
> *Möge ich unbeschwert leben.*

Verweile noch etwas in der Stille und dann öffne wieder deine Augen.

Diese vier Metta-Sätze kannst du innerlich vor dem Einschlafen oder kurz nach dem Aufwachen zu dir selbst sprechen. Vielleicht magst du dabei auch eine Hand oder beide Hände auf deinen Bauch oder Brustraum legen. Schau, ob die Wortwahl der vier Sätze zu dir passt oder ob du lieber andere Worte verwenden möchtest.

Wenn es dir schwerfällt oder sich befremdlich anfühlt, diese Sätze für dich selbst zu sprechen, dann richte sie in einem ersten Schritt gedanklich an einen Menschen, den du gern hast und dem du Gutes zukommen lassen magst.

Mitgefühl und Selbstmitgefühl im Alltag

Häufig erzählen mir Menschen, dass es ihnen schwerfalle, Mitgefühl auf sich selbst zu richten oder eben warme Worte zu sich selbst zu sprechen. Da hilft es, das Gefühl wachzurufen das wir haben, wenn wir an einen geliebten Menschen denken, den wir von Herzen gern haben, bei dem uns regelrecht das Herz aufgeht, wenn diese Person jetzt zur Tür hereinkäme. Wer wäre das für dich?

Das Schöne ist, dass Selbstmitgefühl und Mitgefühl aufeinander einwirken. Wir können also auf beiden Seiten beginnen. Die buddhistische Meditationslehrerin Pema Chödrön beschreibt in einem Gespräch mit der Talkshow-Moderatorin Oprah Winfrey eine Möglichkeit, dieses Gefühl von innerer Wärme und Freundlichkeit im Alltag gegenüber unseren Mitmenschen, und letztendlich auch uns selbst, anzuregen und zu beleben. Sie verwendet dabei die innerlich gesprochenen Worte: „Just like me." Auf deutsch: Genauso wie ich. Nachfolgend beschreibe ich eine mögliche Szene im Alltag, in der diese Worte einen Platz finden könnten. Im Internet lässt sich diese Übung von Pema Chödrön unter dem Titel „The exercise that could help you transcend resentment" (auf deutsch: Die Übung, die dir bei der Überwindung von Groll oder Abneigung helfen könnte) finden.

Stellen wir uns eine Szene im trubeligen Alltag vor: Wir sitzen auf dem Weg zu einem vereinbarten Termin endlich in einem einigermaßen pünktlichen Bus. An der nächsten Haltestelle schließen sich gerade die Bustüren, als plötzlich ein Mann angerannt kommt und noch schnell einsteigen möchte. Allerdings bleibt er vor verschlossener Tür stehen, während der Bus in aller Ruhe ausparkt und davonfährt. Darüber kann man auf zweierlei Art denken: „Naja, hätte der Mensch eben früher losgehen müssen, damit er rechtzeitig beim Bus ist" oder: „Ach, wie blöd, die Busfahrerin hätte doch noch kurz die Türen öffnen können."

Erinnerst du dich an das letzte Mal, als der Bus oder die Bahn vor deiner Nase davonfuhr? Als du nicht mehr einsteigen konntest und vor verschlossenen Türen standest? Das ist ärgerlich und unangenehm, manchmal sogar schambehaftet, insbesondere dann, wenn der Bus voll ist und uns viele Menschen beim Verpassen und Zurückbleiben zuschauen können … Die innerlich gesprochenen Worte „Just like me" können uns in diesem Moment weich werden lassen und eine Welle von

Mitgefühl diesem Menschen gegenüber auslösen. Überhaupt: Immer dann, wenn wir im Alltag einen Menschen beobachten, dessen Verhalten uns berührt, irritiert, nervt oder stört, können wir einen Moment innehalten und innerlich sprechen: *Just like me.*

Möglicherweise aber öffnet die Busfahrerin der rennenden Person schnell die Tür erneut und lässt sie einsteigen. Das wiederum könnte unseren Blutdruck in die Höhe schnellen lassen, denn wir sind eh schon spät dran und kommen nun vermutlich noch später zu unserem Termin. Der innerlich gesprochene Satz „Just like me" lässt uns einen Moment innehalten und kann uns milder stimmen. Auch hier zeigt sich eine Wechselwirkung: Wenn wir in diesen Momenten Mitgefühl für andere in uns aufsteigen lassen, empfinden wir mit der Zeit mehr Mitgefühl uns selbst gegenüber, wenn wir uns vielleicht das nächste Mal in einer unangenehmen Situation befinden, wenn wir uns zum Beispiel in der Bäckerei einfach nicht für ein Brot entscheiden können und sich hinter uns eine Warteschlange bildet. Oder wenn wir in allen Taschen fieberhaft nach der Fahrkarte oder dem Handy suchen, während der Chauffeur ungeduldig vor uns steht und bereits die Augenbrauen genervt nach oben zieht. Wir schenken also in manchen Situationen bewusst anderen mehr Raum und geben uns somit auch selbst wieder mehr Raum.

Just like me.

Natürlich geht es nicht darum, nun ständig „Just like me" vor sich hin brabbelnd durch die Welt zu laufen. Es passt ja auch nicht in jede Situation, in der uns etwas aufregt oder befremdlich anmutet. Manchmal braucht es einen lauten Seufzer, Ächzer oder Aufstöhnen – aber manchmal eben auch nicht.

Mit den eigenen Gefühlen verbunden zu sein, heißt nicht, nur die angenehmen Empfindungen von Freude, Leichtigkeit, Begeisterung und Entspannung zu spüren, sondern auch unangenehmen Gefühlen wie Angst, Schmerz, Zweifel oder Anstrengung, Schuld und Scham vermehrt Raum zu geben. Doch wie genau soll das möglich sein?

Christopher Germer hat zusammen mit Kristin Neff das Konzept des Achtsamen Selbstmitgefühls (Mindful Selfcompassion; MSC) entwickelt. Dieses überaus differenzierte Konzept findet sich in ihrem Übungsbuch *Selbstmitgefühl* (2019) und beinhaltet eine Praxis aus vielfältigen Meditationen, körperlichen Gesten und Tools, in deren Mittelpunkt die Entfaltung von Vertrauen, Geduld und Wärme sich selbst gegenüber steht. Verschiedene Zugänge zum Selbstmitgefühl lassen innerlich ein Gefühl von Aufgehobensein wachsen, was wiederum eine Annäherung auch an schwierige Gefühle und Zustände ermöglicht, um sich ein Stück mit ihnen, und damit auch mit sich selbst, anzufreunden. Keine Frage: Zeit ist dabei ein ganz wichtiger Faktor.

Dem häufigen Vorwurf, Selbstmitgefühl sei auf der einen Seite egoistisch und würde uns auf der anderen Seite nur verweichlichen, tritt Germer in seinem Artikel „Wie wir Selbstkritik in Selbstmitgefühl umwandeln" klar gegenüber:

„Selbstmitgefühl ist nicht selbstgefällig. Vielmehr ist es Willenskraft und guter Wille. Es verlangt Mut. Es ist *nicht* Schöne-Welt-Spielen. Stattdessen sind wir offener für unseren Schmerz und weichen ihm nicht aus. Es ist *nicht* anstrengend – denn wir kämpfen weniger, nicht mehr." (2016, S. 3, seine Hervorhebungen)

Um Mitgefühl anderen Menschen gegenüber zu entwickeln und ausgewogen leben zu können, braucht es eine Basis. Diese bedeutet eine Verbundenheit mit den eigenen Gefühlen.

Ich kann mich noch gut an eine bereits lange zurückliegende Begegnung erinnern, die in der Kirche stattfand. Meine irische Mutter machte mich mit dem katholischen Glauben vertraut, die Kirche hat mich also bis ins junge Erwachsenenalter hinein auf eine lebendige Art und Weise begleitet. Die intensive Beschäftigung mit der Psychoanalyse im Musiktherapiestudium stellte mein damaliges Welt- und Menschenbild komplett auf den Kopf. Später wälzte die Begegnung mit der Yogaphilosophie nochmals alles aufs Neue um und führte mich weit von der Kirche und dem christlichen Glauben weg.

Nun gut, zurück zu der Begegnung: Ich saß an Heiligabend als Kind neben meinen Eltern und Geschwistern in der Kirchenbank. Endlich war Weihnachten. Die Kirche war, wie häufig, bis auf die letzte Bank besetzt und an diesem Festtag mussten viele Menschen hinten stehen. Die Heilige Messe war in vollem Gang. Ich fühlte mich glücklich, freudig und war leicht aufgeregt angesichts dieses Feiertages. Beim sogenannten Friedensgruß, dem ausgesprochenen Wunsch nach Frieden und einem damit verbundenen Händeschütteln mit den Sitznachbar*innen, drehte ich mich um und reichte dem Mann hinter mir die Hand. „Friede sei mit dir", sagte ich. Dabei fiel mein Blick auf seinen Mund. Ich erschrak. Sein Mund war seltsam verwachsen. Er sah entstellt aus. Ich spürte einen inneren Schmerz, der tief in mein Herz zu gehen schien. Auf dem Weg nach Hause ließ mich das Bild dieses für mich komplett entstellten Mannes nicht mehr los. Die Erinnerung an seinen Anblick schmerzte mich und ich meinte, sein wohl großes, bestehendes Leiden zu fühlen. Still saß ich neben meinen Geschwistern auf der Rückbank des

Autos. Ich konnte mich nicht mehr über Weihnachten freuen, spürte nur Schwere und Bedrückung in mir.

Zu Hause suchte ich schließlich die Nähe meiner Mutter und eine Flut an Tränen brach aus mir heraus. Ich vertraute mich ihr an und versuchte meine Gedanken und Gefühle in Worte zu fassen. Heute weiß ich nicht mehr, was sie gesagt hat, kann mich aber noch an ihren Trost erinnern. Und dass der Schmerz, den ich in dem Moment fühlte, da sein durfte. Vielleicht hat sie gesagt, dass es dem Mann vermutlich gut gehe, dass er eine Familie habe, die ihn liebe, die für ihn da sei. Doch ihre Worte waren weniger wichtig, ihr Trost, ihre Präsenz, ihre komplette, wärmende Aufmerksamkeit waren wesentlich. Meine Mutter war für *mich* da. Ich fühlte mich getröstet. Langsam erfüllte mich wieder das so geliebte, helle, leuchtende Weihnachtsgefühl und ich aß mit Freude meinen Bratapfel vor dem geschmückten Weihnachtsbaum.

Als junge Erwachsene beschäftigte ich mich viele Jahre später mit dem buddhistischen Mitgefühl und erinnerte mich an den damaligen Weihnachtsabend. Absolut überheblich erschien es mir nun, dass ich damals diesen Mann mit seinem verzogenen Mund bemitleidet hatte. Wie arrogant und anmaßend. Klassisches Mitleid hatte ich empfunden, von dem ich mich jetzt doch ganz klar distanzieren wollte. Da war ich am Weihnachtsabend nach Hause gegangen und hatte um das Gesicht eines Mannes geheult – ich schämte mich jetzt: für meine Gefühle, meine Gedanken, meinen ausgelebten Schmerz.

Doch nach einiger Zeit berührte mich der Schmerz dieses kleinen Mädchens, das sich trotz der hellen Weihnachtsfreude von der kurzen Begegnung mit einem anderen Menschen innerlich bewegen ließ. Dieses Mädchen spürte einen Schmerz in Bezug auf das andersartige Aussehen des Mannes. Dieses Mädchen kam an diesem Weihnachtsabend über den Kontakt zu diesem Mann zutiefst mit dem eigenen, inneren Schmerz in Berührung. Dieses Mädchen spürte die Angst vor dem Anderssein, der Ablehnung, dem Alleinsein. Dieses Mädchen – ich.

Die Angst, im Leben abgelehnt zu werden, allein zu sein und irgendwie anders zu sein, ist zutiefst menschlich und liegt genauso tief in uns versteckt. Und so paradox es klingen mag: Sie verbindet uns auch miteinander.

Selbstmitgefühl beschreibt die Fähigkeit, das eigene Leiden, den eigenen Schmerz wahrzunehmen, ihn liebevoll anzunehmen und sich zu umsorgen. In der damaligen Situation als Kind war meine Mutter für mich da. Als erwachsener Mensch habe ich nun in unangenehmen Momenten die Möglichkeit, mir selbst Trost, Wärme und Aufmerksamkeit zukommen zu lassen. Aber nicht nur ich, sondern wir alle können uns das zuteilwerden lassen, was wir im Moment des Leidens am meisten brauchen: Wir schenken uns selbst Aufmerksamkeit, Wärme und Vertrauen. Dies tun wir vor allem dann, wenn wir es am dringendsten brauchen, in den schwierigen, so schwer auszuhaltenden Situationen. Wir lassen unser Herz weich werden. „Let your heart melt in the heat of suffering", so sprach Christopher Germer vor ein paar Jahren während einer Meditation in seinem MSC-Kurs. Ich denke gern an seine Worte zurück.

In dem Moment, wo wir uns am liebsten von uns selbst abwenden würden, wenden wir uns aber uns zu. Jedes Mal verankern wir damit diese tiefe Empfindung, uns selbst vertrauen zu können. Bis wir eines Tages vielleicht spüren, dass wir uns meist auf uns selbst verlassen können.

Bin ich es wert?

Es ist ungewohnt, sich selbst regelmäßig in den Mittelpunkt zu stellen. Ja, es kann geradezu Angst machen, die Aufmerksamkeit mehr auf sich selbst zu lenken. Ein Leben lang werden wir an diesen Punkt geführt, ob es eh okay ist, es sich gut gehen zu lassen. Darf es mir wirklich, wirklich gut gehen? Hinter der Frage „Darf ich das?" liegt oftmals die viel tieferliegende Frage: „Bin ich es wert?" Diese Worte berühren einen unglaublich versteckten und verletzlichen, manchmal sogar bereits verletzten Teil in uns. An diesem Ort liegen auch all unsere Zweifel, Bedenken und Irritationen. Es braucht also demnach eine große Packung Mut, sich den genauer anzuschauen. Bin ich es mir wert? Bei der Frage kann es um materielle Aspekte gehen: Geld, Gegenstände, Aktivitäten, Reisen, Seminare, für die wir gefühlt viel oder oft Geld ausgeben. Einen äußeren Maßstab gibt es hier nicht, denn wir wissen, dass die Verhältnisse höchst individuell sind.

Wenn du das nächste Mal unschlüssig bist, ob du dir etwas gönnen oder leisten kannst, hilft es vielleicht, diese Frage in der Vorstellung in Bezug auf einen geliebten Menschen zu stellen. Würdest du der Person den Kauf dieses Gegenstands gönnen? Ist sie es wert, diese Reise zu erleben? Da kommt häufig wie aus der Pistole geschossen das unterstützende und kraftvolle *Ja*. Aber was ist mit dir? Erlaubst du dir selbst, dich immer mal wieder zu verwöhnen? Darfst du es so richtig gut und leicht haben?

Wir können damit beginnen, uns zuerst etwas Kleines zu gönnen. Das Herz für uns selbst zu öffnen und es weicher werden zu lassen: ganz langsam und mit viel Gefühl uns selbst gegenüber lassen wir diese Handlungen und Aktivitäten immer größer und häufiger werden.

Was das konkret heißt? Ein paar Beispiele: dir etwas Aufwändiges kochen, für etwas einen Umweg machen, das nur dir am Herzen liegt, mehrere Menschen auf dich warten lassen, weil du noch dringend auf die Toilette musst, etwas, das dich beschäftigt und worüber du dich gern austauschen möchtest, gleich am Anfang eines Treffens mit einer Freundin mitteilen und nicht erst kurz vor der Verabschiedung, wenn nur noch wenig Zeit für dein Anliegen ist.

Wir alle haben unsere ganz persönlichen Situationen und Momente, in denen wir uns automatisch zurücknehmen und die eigenen Bedürfnisse hintanstellen. „Ist doch nicht so wichtig", denkt dann etwas in uns. Oder: „Nur für mich? Nein, quatsch, das ist egal!" Gern auch: „Ach, macht ja nichts, ist eh gleich vorbei." Ab jetzt aber können dies deine Signalsätze werden, die dir Möglichkeiten eröffnen, dir mehr Raum zu nehmen. Du kannst in diesen Momenten ein klitzekleines Samenkorn setzen. Letztendlich kannst du mit jeder kleinen, selbstfürsorglichen Aktion dort in der Tiefe ein klares Ja zu deinem unschätzbaren Wert säen. Und dann wässern, wachsen lassen und weiter wässern. Das braucht Zeit, Zuwendung und immer wieder Wärme und Licht.

Doch, es macht einen Unterschied.

Doch, es ist wichtig.

Und ja: nur allein für dich!

IMPULS FÜR DICH: NEHMEN ODER VERWEHREN?

Wo fällt es dir schwer, dir etwas zu nehmen oder zu gönnen? In welchen Momenten steckst du zurück? Und wo gelingt es dir ganz natürlich und leicht, dir das zu nehmen, was du brauchst oder dir wünschst?

PLATZ FÜR DEINE GEDANKEN, WÜNSCHE UND ZEICHNUNGEN

Ich darf mich dem anderen zumuten

„Ich darf mich dem anderen zumuten", sagte einmal eine Frau in einem mehrtägigen Selbsterfahrungsseminar, an dem ich selbst teilgenommen habe. Sie bezog sich mit diesem Satz auf ein intensives Ereignis aus der Vergangenheit, woraus diese Erkenntnis entstanden war. Ihr Satz hat bei mir bereits Eindruck hinterlassen, als sie ihn aussprach. Tief in mir fühlte ich eine große Resonanz. *Ja, das stimmt. So ist es.*

Ja, ich darf mich dem oder der anderen mit meinen Emotionen zumuten. Lachend herausplatzen, auch wenn es womöglich unangebracht ist oder der Humor gerade gar nicht geteilt wird. Ja, auch auf der Straße weinen, im engen Bus oder beim Kindergartenabschlussfest umringt von 150 Elternpaaren. Auch dann, wenn der Sohn mich dringlichst ums Aufhören bittet, weil sonst auch er nicht aufhören könne. Das wiederum brachte mich allerdings zum Lachen ...

Weinen und nichts erklären müssen.

Ja, ich darf unsicher sein. Suchend. Manchmal ohne Ahnung, wie es weitergehen könnte. Keinen blassen Schimmer. Ja, ich darf mich dem Bauarbeiter zumuten, der mich anschnauzt, weil ich mich nicht traue, mit meinem kleinen Auto an einer Baustelle vorbeizufahren. Die Durchfahrt sieht halt eng aus. Ja, und diesem wütenden Bauarbeiter auf der Straße meine Sicht der Dinge ins Gesicht schleudern. Und dann mit dem höchst dramatischen Satz „Ich bin auch nur ein Mensch!" davonbrausen und die leichte Scham mitsamt den Tränen aus dem Autofenster fliegen lassen. Ja, ich darf auch in vertraute Muster stapfen. Das geht, wie viele von uns wissen, besonders gut bei Familienangelegenheiten: Diese Muster sind extrem bequem und sitzen immer gut. Aber furchtbar anstrengend sind sie leider auch. Aber hey, nein, ich schaffe es gerade mal nicht anders. Wieder reingestapft! Zielgenau. Macht aber auch nichts.

Das alles heißt nicht, dass wir uns nicht weiterentwickeln wollen, sollen oder dürfen, denn Veränderung ist wunderbar, wichtig und ziemlich oft möglich. Auch wenn manches viel Geduld und Zeit braucht, während man wiederum manches auch manchmal einfach liegenlassen muss. Und dann ist es so wohltuend, dem

Selbstoptimierungsdruck regelmäßig ein großes und leuchtendes STOPP-Schild entgegenzuhalten.

Ja, mal ungeduldig sein. Oder zu geduldig. Mal schlecht gelaunt. Unhöflich. Zu spät. Anders. Zu sensibel. Oder unsensibel. Mal zu laut. Zu leise. Zu lange geredet. Oder zu kurz. Aus der Norm fallen. Mal die eigenen Werte suchen.

Ich darf mich dem anderen zumuten. Ich darf ich sein.

Socken

Ich schau sie an. Und freue mich, zum gefühlt hundertsten Mal. Mir wird innerlich ganz warm und ich fühle mich verbunden. Diese Socken!

Ich hatte meine Freundin zu Hause besucht, meine Stiefel ausgezogen und – oh! – ein Loch in meiner Socke entdeckt. Aber ach, die hatte ich doch so gern. Große leuchtend-orange Punkte prangten darauf. „Vielleicht kann meine Mutter die flicken", überlegte meine Freundin laut und lieh mir wunderschöne Regenbogensocken für den Abend und den Nachhauseweg.

Wieder zu Hause wusch ich sie. Dann sahen wir uns eine Weile nicht und ich trug sie erneut, wusch sie nochmal. Dann aber befürchtete ich, dass meine Zehe auch hier ein Loch hineinbohren könnte, und legte sie für unser nächstes Treffen auf den Schrank im Flur. Vorher aber telefonieren wir und sie erzählt von meiner, nun inzwischen von ihrer Mutter geflickten Punkte-Socke. Ich freue mich und erinnere sie an die hübschen Regenbogensocken zur Rückgabe. Und erwähne die Angst vor meiner Bohrzehe.

„Die schenke ich dir!", ruft sie aus.

„Wirklich?", frage ich ungläubig zurück.

„Ja!", und sie wechselt ungebremst das Thema.

Meine Freude ist groß.

Auch heute noch – viele Monate später. Ich sitze morgens auf meiner Matte und halte inne: Wofür bin ich gerade dankbar in meinem Leben? – Die Socken!

Mir wird innerlich ganz warm und ich fühle mich verbunden und ja – geliebt.

Mut tut gut

Das sagt sich so leicht. Und schreibt sich noch leichter. Mut braucht aber ganz schön viel Mut. Und wenn ich genau hinschaue, dann entdecke ich das Vor-Mut-Gefühl und das Nach-Mut-Gefühl. Letzteres ist großartig, geradezu erhebend und beglückend. Das Vor-Mut-Gefühl ist eher beklemmend, eng und festnagelnd. Der Moment des Mutes selbst ist dann eigentlich kaum wahrnehmbar. Gibt es ihn überhaupt? Wenn ich mutig bin, stecke ich praktisch schon mittendrin, mit Haut und Haaren. Ich bin der Mut.

Dann gibt es verschiedene Varianten von Mut: den großen Mut, den mittleren Mut, den kleinen Mut. Der große Mut ist natürlich eher aufsehenerregend und spektakulär. Der mittlere Mut ist, nicht überraschend, eher durchschnittlich, da sind wir mutig, damit im Leben etwas weitergeht. Damit überhaupt etwas passiert, wir uns weiterentwickeln.

Aber so richtig spannend und ja fast herzzerreißend finde ich den kleinen Mut. Entweder den, den man fast gar nicht als Mut erkennt, weil er so winzig klein ist, oder den, der schon fast zum mittleren Mut übergeht, aber eben doch noch ein Stück kleiner ist.

Beim kleinen Mut ist die Wahrscheinlichkeit ziemlich groß, dass andere sagen: „Das nennst du mutig? Das ist doch ganz normal. Da braucht man doch keinen Mut für." Oh doch! Braucht man. Brauchen diejenigen, die kleinen Mut erleben, was ihn eben so besonders macht.

Ich erlebe Kleine-Mut-Momente, wenn ich zum Beispiel an einem fremden Ort mit dem Auto einen Parkplatz suche. Womöglich fahre ich auch noch in einem fremden Auto! Ist auch schon passiert, dass ich mein Ziel aufgebe und einfach weiterfahre oder umkehre. Finde ich jedoch einen Parkplatz bzw. traue ich mich in aller Seelenruhe mit gaaaanz viel Zeit, ungeachtet der ungeduldigen Autofahrer*innen hinter mir, einzuparken – dann wow! Das Nach-Mut-Gefühl stellt sich ein. Ein weiterer Kleiner-Mut-Moment: in ein fremdes Lokal oder Café gehen. Womöglich noch ein Insider-Ort, an dem alle sehen, wer neu ist und sich ungelenk herumtapsend einen Platz sucht.

Es braucht für mich wenig Mut, allein auf ein großes Konzert zu gehen oder ins Kino – auch nicht am Samstagabend. Auch allein in die weite Ferne verreisen, macht mir keine Probleme. Auch wenn es dann auf der Reise lauter Kleiner-Mut-

und Mittlerer-Mut-Momente gibt. Ich brauche eher kleinen Mut, um ein Gespräch dann zu beenden, wenn es für mich reicht, von einem Treffen aufzubrechen, wenn ich von dieser Begegnung gesättigt bin, oder ein Telefonat zu beenden, wenn von meiner Seite aus alles gesagt ist bzw. ich mich der nächsten Sache zuwenden möchte.

Ja, ich kenne viele Situationen, die kleinen Mut brauchen: zum ersten Mal den Reifendruck am Auto an der Tankstelle messen, Telefongespräche ins Ausland führen, das erste Mal in fremden Städten oder Ländern die öffentlichen Verkehrsmittel benutzen. Austern essen, andere Wege gehen, jemanden im Redefluss unterbrechen, einem Menschen widersprechen …

Viele, viele Kleiner-Mut-Situationen zu meistern, macht ungemein glücklich. Es stärkt unser Gefühl, etwas ausrichten, es selbst gestalten zu können. Nur wir selbst können unsere ureigenen Kleiner-Mut-Situationen erkennen, ergreifen und am Ende im Nach-Kleiner-Mut-Glückszustand selig verweilen. Dafür braucht es kein Außen, keine Zuschauer, keine Mitwisser*innen. Nur uns selbst.

„Kleiner Mut, Kleiner Mut
tut unglaublich gut."

IMPULS FÜR DICH: DEIN MUT

Wie sehen deine persönlichen Kleiner-Mut-Situationen aus? Was fordert dich persönlich heraus und was hilft dir dabei, in diese Momente hineinzuspringen?

PLATZ FÜR DEINE GEDANKEN, WÜNSCHE UND ZEICHNUNGEN

Folge deinem Herzen statt deinen Emotionen!

Dem Herzen folgen, das klingt schön, ganz weich und sanft. Das mag ich. Wenn ich nach innen spüre, dann fühle ich mein Herz und kann einem klaren Weg folgen. Wären da nur nicht diese tausend bunten, gestreiften, karierten und manchmal auch tiefschwarzen Emotionen. Sie kommen in vielerlei Kostümen oder sogar in mehreren Kostümen gleichzeitig daher. Das kann sogar ein Endlosspiel sein, bei dem wir nicht wissen, ob da unter dem knallroten Kleid nicht noch eins in zartrosa versteckt liegt oder gar ein dunkelbraunes mit gesprenkeltem Grau.

Unsere Emotionen! Die können was. Fröhlich tanzen sie an der Oberfläche herum. Versuchen, uns zu bestimmten Aktionen zu verleiten, ja geradezu zu verführen. Halten uns zurück, lähmen uns, machen munter, machen müde. Können fast alles! Emotionen sind wunderbar und für jede Überraschung gut. Ja, Emotionen färben unser gesamtes Erleben ein.

Aber manchmal sind sie auch gefährlich, sorgen dafür, dass wir verletzende Worte finden oder unüberlegte Handlungen vollziehen. Sie können schwer auf uns lasten und uns festnageln. Gefühle von Sehnsucht, Verlangen und Liebe sind besonders mächtig. Hören wir dann die beliebte Aufforderung, unserem Herzen zu folgen, liegt der Schritt nahe, gerade den angenehmen, aber manchmal nur kurzlebigen Gefühlen zu folgen.

„Folge Deinem Herzen" ist aber nicht damit gleichzusetzen, den Emotionen zu folgen. Denn das Herz liegt tiefer, es ist meist ruhig und weise, obwohl es auch unruhig, verkrampft oder verschlossen zu sein vermag. Aber in der Tiefe unseres Herzens spüren wir, worum es geht. Es lässt uns viel tiefer blicken, als all die lärmenden Emotionen. Das Herz ist wie der Grund des Meeres. In seiner Essenz wird es still und all die vermeintlichen Fragen, Zweifel, Ängste lösen sich darin auf. Wenn wir also unserem Herzen zuhören, still werden, einen Moment mit unseren Handlungen aufhören, dann können wir wahrnehmen, dass eigentlich alles Nötige bereits da ist, in unserem Herzen liegt.

Fünf Tipps bei Gedankenkreisen

Es gibt Phasen im Leben, in denen unser Kopf einfach viel zu voll ist. Da rasen die Gedanken und es ist häufig fast unmöglich, den Endlosschleifen an Gedanken im Kopf zu entkommen. Kluge und wichtige Entscheidungen sollten dann gefällt werden, wenn wir in einem entspannten, ruhigen Zustand sind. Hier kommen fünf Tipps, die uns zu einem entspannteren Zustand bei kreisenden Gedanken verhelfen können:

1. Mach einen langen Spaziergang an der frischen Luft. Lege am Anfang eine fixe Route fest, wenn möglich einen Rundgang. Lass diesen Spaziergang mindestens 45 Minuten lang sein und gehe in einem forschen Tempo. Los geht's!
2. Ruf einen netten, vertrauten Menschen an. Am besten jemanden, die/der möglicherweise mehr Lebenserfahrung hat als du. Versuche das Thema, das dich beschäftigt, zur Seite zu lassen. Vermutlich fällt dir das nicht leicht, aber nimm es dir zumindest zu Gesprächsbeginn fest vor. Dann plaudere mit diesem Menschen oder höre zu, was ihn beschäftigt. Wenn deine hartnäckigen Gedanken doch ihren Weg ins Gespräch finden, dann ist das so. Schenk dir eine imaginäre, innere Umarmung.
3. Plane ein für dich schönes Ereignis in der Zukunft, in ungefähr drei bis neun Monaten. Das kann eine Wochenendreise, ein Besuch bei Freund*innen in einer anderen Stadt, ein kleines Sommerfest, ein Konzertbesuch sein … Organisiere die Tickets, deine Fahrkarte, suche dir eine Unterkunft, kontaktiere deine Freund*innen.
4. Suche dir eine willkommene Ablenkung: dein Lieblingsfilm oder einen, den du schon ewig anschauen wolltest, den du vielleicht extra organisieren musst. Mach es dir gemütlich, hole dir ein leckeres Getränk und schließ die Zimmertür. Falls du Kinder hast, mögest du einen ruhigen Abend haben oder eben eine leicht verkürzte Nacht durch's Filmschauen. Dann tauche tief in die Filmwelt ein. Lass all die nervigen, sich endlos drehenden Gedanken vor der Tür. Jetzt hast du keine Zeit für sie!
5. Nimm dir dein Tagebuch, dein Schreibheft oder ein paar leere Blätter Papier. Lass all die unaufhörlichen Gedanken und die begrenzenden Stimmen aufs Papier fließen. Keine Zensur, keine Scham, keine Zurückhaltung. Raus mit all dem, was dich momentan beschäftigt.

Schon etwas besser? Nein?
Dann auf in die zweite Runde und versuch's noch einmal!

PLATZ FÜR DEINE GEDANKEN, WÜNSCHE UND ZEICHNUNGEN

„If it isn't broken, don't fix it.
If it works, do more of it.
If it's not working, do something different."

Steve de Shazer

Ressourcen

Wir alle haben Ressourcen. Wir können sie erweitern, indem wir vermehrt Sachen tun, die uns Freude bereiten und uns stärken. Und wir können uns mit Menschen umgeben, die uns in unserem Sein unterstützen und uns auf positive Art und Weise beeinflussen.

Aber was bedeutet „Ressourcen" eigentlich genau? Frank Nestmann, Professor für Beratung und Rehabilitation, beschreibt in seinem Artikel „Psychosoziale Beratung – ein ressourcentheoretischer Entwurf" Ressourcen als „letztlich alles, was von einer bestimmten Person in einer bestimmten Situation wertgeschätzt wird oder als hilfreich erlebt wird [...]. Eine Sache ist nicht an sich eine Ressource, sondern wird erst dann zu einer solchen, wenn sie von einem Menschen für dessen individuelle Zwecke genutzt wird" (1996, S. 362).

Nicht alles, was nach Ressource ausschaut, ist also auch eine. Aber all das, was wir als unterstützend, hilfreich, bekräftigend erleben, um im Leben unseren persönlichen Zielen zu folgen, kann als Ressource bezeichnet werden. Hobbys können Ressourcen sein, wie auch Handlungen, Aktivitäten, die wir gern ausführen, die uns Freude bringen und unseren Platz im Leben stärken. Eine Ressource können persönliche Fähigkeiten sein: beispielsweise Geduld, Kontaktfreudigkeit, Neugierde, Ausdrucksfähigkeit, Kreativität. Auch geistige Haltungen können Ressourcen sein: eine politische oder philosophische, die uns berührt und inspiriert. Oder eben eine innerlich verankerte Meditations- oder Yogapraxis.

Ressourcen sind vielfältig und häufig ist der Mensch von einem weiten Feld an Ressourcen umgeben. Doch die entscheidende Frage ist, ob wir diese eben auch als solche wahrnehmen. Sind wir uns dieser Schätze bewusst? Können wir diese, von außen oftmals als Ressourcen betitelten Aspekte auch für uns nutzen und in Anspruch nehmen? Zum Beispiel wenn es um materielle Ressourcen geht:

eine Menge Geld, ein großes Haus, ein schickes Auto, ein schönes Fahrrad, eine hochwertige Kaffeemaschine. Vielleicht haben wir eine dieser Sachen, gar mehrere oder gleich alle. Genießen wir all diese Dinge? Wecken sie positive, kraftvolle Gefühle und Gedanken in uns? Erleben wir sie als Ressource?

Denn gerade in Bezug auf materielle Fülle wird deutlich, dass diese nicht unmittelbar mit einem Erleben von innerer Fülle, Wohlbefinden und Glück einhergeht. Damit wir materielle Güter auch wirklich als Ressource erleben können, müssen wir in der Lage sein, innere Fülle zu empfinden bzw. auch für längere Dauer lebendig zu halten. Nicole Rupp, systemische Coach und Finanzexpertin, schreibt hierzu in ihrem Buch *Wer spart, verliert*:

„Wir können nur in dem Maße Erfüllung aus materiellen Dingen beziehen, in dem wir zu erfüllten Gefühlen in der Lage sind. Ein schönes Haus als solches macht Sie nicht zwangsläufig glücklicher. Erst dadurch, dass Sie sich aufrichtig daran erfreuen und sich darin wohlfühlen können, werden Sie diese Gefühle auch in Verbindung mit dem Haus erleben. Wir füllen also die Materie, die uns umgibt, mit unserem Leben. Materieller Besitz als solcher ist unlebendig und kann uns nicht mit lebendigen Gefühlen bereichern." (2010, S. 92)

Zeit zum Innehalten, Zeit für eine kleine Zwischenübung!

IMPULS FÜR DICH: DEIN REICHTUM

Schließe für einen Moment die Augen. Öffne dich für das, was dich in deinem derzeitigen Leben bereichert, lass die Bilder zu. Welche Besitztümer haben für dich persönlich einen hohen Wert? Welche Menschen in deinem Umfeld lösen auch ein Gefühl von Fülle und Wärme in dir aus? Welche vielfältigen, reichen Möglichkeiten bietet dir dein derzeitiges Leben? Was macht dich in deinen Augen wirklich reich?

PLATZ FÜR DEINE GEDANKEN, WÜNSCHE UND ZEICHNUNGEN

Ressourcen auf unterschiedlichen Ebenen

Ressourcen entfalten erst dann ihre Wirkung, wenn wir selbst diese als sinnvoll und nährend erleben. Um den Blick für die eigenen Ressourcen zu schärfen, kehren wir nun nochmal zu den fünf Ebenen der Selbstfürsorge (s. S. 18ff.) zurück und fragen uns, wo genau wir persönliche Ressourcen auf verschiedenen Ebenen erleben.

Ressourcen auf körperlicher Ebene: Ist es der Schlaf, aus dem ich besonders viel Kraft und Entspannung ziehe? Oder ist es eher die Bewegung, die mir wichtig ist und guttut, bei der ich Spannung loslassen kann? Vielleicht ist aber auch das Essen eine wesentliche Ressource für mich, indem ich für mich koche und wahrnehme, was mein Körper sich wünscht.

Wie sieht es mit meinen *Ressourcen auf emotionaler Ebene* aus? Stärkt es mich, meine Gedanken und Gefühle mit einem vertrauten Menschen zu teilen? Oder hilft es mir eher, regelmäßig meine Gedanken und Gefühle in ein Heft zu schreiben? Habe ich vielleicht eine feine Wahrnehmung für das, was in mir abläuft und kann diese Empfindungen in Worte fassen, was bereits ein Stück entlastet? Oder tut es mir gut, mich ab und zu mal von anderen umsorgen zu lassen? Mich für eine Weile fallen zu lassen und auf emotionaler Ebene genährt zu werden?

Wenn wir auf die *kognitive, mentale Ebene von Ressourcen* schauen, können wir uns fragen: Finde ich Kraft, Entlastung darin, Situationen, Begegnungen, Konflikte in meinen Gedanken analytisch durchzugehen? Indem ich sie kognitiv verstehe? Oder hilft mir die ein oder andere sogenannte Ratgeber-Literatur, um Verständnis oder Entspannung in den Worten anderer zu finden? Vielleicht reflektiere ich aber auch am liebsten für mich bedeutsame Ereignisse mit anderen Menschen in ausführlichen Gesprächen?

Die *soziale Ebene von Ressourcen* meint das Umfeld an Freundschaften, Familie und Bekanntschaften. Es kann auch die Zugehörigkeit zu einem Chor bedeuten oder zu einem Fussball-, Tierschutz- oder Musikverein. Für manche ist die Familie eine immense Ressource, für andere keinerlei Ressource, sondern ein Feld voller Widrigkeiten und Spannungen. Manchmal ändert sich dies im Laufe des Lebens, manchmal auch nicht. Hier musst du also ganz ehrlich nach innen fragen: Welche Beziehungen, welche soziale Umgebung erlebe ich wirklich als Ressource? Wo finde ich Unterstützung? Wo bekomme ich das Gefühl, in meiner Person gesehen und wertgeschätzt zu werden? Wo muss ich mich nicht anstrengen? Und wo gebe auch ich gern und unterstütze mit Leichtigkeit und Freude andere Menschen?

Zuletzt schauen wir uns die *Ressourcen auf spiritueller, geistiger Ebene* an: Gibt es philosophisches Gedankengut, das mir entspricht und mir eine Ausrichtung für mein Leben gibt? Bin ich in einer bestimmten Religion verankert? Finde ich wohltuende Offenheit und Weite, wenn ich im Wald bin oder auf einem Berg stehe?

Vielleicht wiederholt sich für dich an dieser Stelle einiges, was du dich bereits in den Impulsen bezüglich deiner Selbstfürsorge im ersten Kapitel gefragt hast, denn Selbstfürsorge und Ressourcen sind eng miteinander verbunden. In meiner erwähnten Studie über die Selbstfürsorgestrategien von Musiktherapeut*innen betrachtete ich auch die vorhandenen Ressourcen der Teilnehmer*innen. Am Ende der Studie zeigte sich, dass die bewusste Auseinandersetzung mit der eigenen Selbstfürsorge den Umgang mit bereits bestehenden Ressourcen aktivierte und förderte: Je mehr wir uns also mit unseren Ressourcen beschäftigen, umso besser können wir für uns sorgen.

Wir dürfen uns an dieser Stelle erinnern: Unabhängig von dem Punkt, an dem wir im Moment stehen, können wir genau hier ansetzen, indem wir neue Impulse suchen, andere Wege gehen, uns selbst besser kennenlernen und immer wieder Neues erleben. Manche Ressourcen erkennen wir erst rückblickend, viele Jahre, manchmal Jahrzehnte später als solche. Manchmal ist es die Frage: Wie habe ich das damals alles ausgehalten? Und dann tauchen womöglich verschiedene Antworten auf: die gute Freundin, die immer für mich da war, die Tante, der Onkel, die alte Dame aus der Nachbarschaft, mit denen ich jeweils eine sorglose, wärmende Zeit verbracht habe. Oder auch das Wegträumen aus der Realität, das Eintauchen in große, kreative Fantasiewelten. Vielleicht war es auch ein Hund, der mich viele Jahre lang begleitet hat und ein stabiler Fixpunkt in meinem Leben war. Es ist erstaunlich, wie wohltuend der Rückblick auf bereits bewältigte Situationen sein kann. Wir dürfen uns regelmäßig daran erinnern, was wir bereits alles geschafft und gemeistert haben und worauf wir wahrlich stolz sein können.

Jetzt!

Werden wir uns dieser Ressourcen im Jetzt bewusst, können wir dafür sorgen, sie vermehrt in unser Leben zu bringen. Wenn ich zum Beispiel merke, dass mir das Zusammensein mit Freund*innen guttut, mich mehr lachen, mich verbundener fühlen lässt, dann kann ich schauen, dass ich regelmäßig Zeit und Platz dafür in meinem Alltag einräume. Und eben, auch genau in den Zeiten, wo es mir nicht gutgeht, das Gefühl des Getriebenseins vorherrscht oder großer Stress besteht, kann ich bewusst darauf achten, dass ich mir die Zeit für dieses Zusammensein nehme. Aufgetankt kann ich mich dann wieder den zu erledigenden Aufgaben widmen.

Sich in ruhigen, entspannten Zeiten auf die eigenen Ressourcen zu besinnen und diese schriftlich festzuhalten, hilft uns, uns an diese in holprigen, herausfordernden Phasen zu erinnern und sie umzusetzen.

„Entschuldigung, wo bitte geht es hier zur nächsten Luxustankstelle?"

Das frage ich unermüdlich, wenn ich mich mal wieder durch den Alltagsdschungel schlage. Nehme ich eine Luxustankstelle mit vier Sternen oder gar mit fünf? Liegt sie auf meiner Strecke oder darf ich sogar Umwege machen? Mit etwas zusätzlicher Zeit? Ist die Luxustankstelle vertraut? War ich schon einmal dort? Gar mehrmals? Weiß ich, wie und wo ich mich bewege, wenn ich dort bin? Tja, was ist denn nun so eine Luxustankstelle?

Das kann ein Café sein, wo es besonders guten Kaffee oder eine feine Teeauslese gibt, wo die Kuchen selbst gebacken oder die Speisen mit viel Liebe zubereitet werden. Das kann auch ein Lokal sein, in dem die Menschen mit Freude und von Herzen gern arbeiten, das besonders bequeme Sessel oder Ecken hat, die etwas versteckter liegen, und wo man für sich sein kann – lesend, arbeitend, mit einem lieben Menschen plaudernd. Möglicherweise werde ich dort als regelmäßiger Gast auch besonders freundlich begrüßt und wiedererkannt, was ein Gefühl des Nach-Hause-Kommens mit sich bringen kann. Vielleicht liegt das Café auch einfach schön: am Fluss, mit Blick ins Grüne oder auf eine belebte Straße mit Menschen, die unterwegs sind.

Völlig egal, was: Eine Luxustankstelle ist eine Ressource, die mich wieder auftanken lässt, die mir Kraft schenkt. Das kann ein Ort sein oder ein Mensch. Jemand, mit dem wir gern zusammen sind, dem wir vertrauen, der die positiven Saiten in uns zum Klingen bringt. Aber gleichzeitig auch nicht davor zurückschreckt, Schwieriges anzusprechen. Ein Mensch, der es schätzt, dass wir unsere Zeit mit ihm verbringen, der präsent ist während unseres Treffens, der zuhört, sich aber auch mitteilt. Oder mit dem wir vielleicht sogar schweigen können: Das ist für mich mittlerweile eine Premiumvariante geworden.

Eine Luxustankstelle kann ein Platz in der Natur sein. Hier kann ich mich wieder besser wahrnehmen, denn Kopf und Herz kommen in Balance – fast wie von selbst. Ohne Yogaübung, ohne bewusstes Atmen. Es ist allein der Ort, der etwas mit mir macht. Noch eine Luxustankstelle? Ein gutes, warmes Essen. Nährend, abwechslungsreich, qualitativ hochwertig. Vielleicht sogar mit Liebe gekocht? Zumindest mit Können und Aufmerksamkeit. Oder ein Gericht, das wir liebend gern essen.

Luxustankstellen bedeuten nicht unbedingt auch einen hohen finanziellen Aufwand. Der kann vorkommen, auch schön. Da gönnen wir uns dann das bessere Hotel, verlängern den Urlaub spontan um einen Tag, nehmen uns ein Taxi am späten Abend. Wir gönnen uns etwas, von ganzem Herzen und ganz ohne Reue. Mit einem feinen Glitzern im Herzen. Doch Luxus tanken können wir auch dann, wenn wir längere Nächte haben – indem wir ab und zu früher ins Bett gehen oder morgens ewig lang liegenbleiben. Wenn wir in alten Fotos oder Karten, die mit schönen Erinnerungen verbunden sind, kramen. Wenn wir einen Bekannten oder eine Freundin einen Moment länger umarmen als sonst. Wenn wir uns die Zeit nehmen, einen Brief an einen lieben Menschen zu schreiben. Wenn wir uns selbst Zeit schenken. Ja, wenn wir uns Aufmerksamkeit schenken.

Im Alltag lässt sich endlos viel Luxus erleben: Musik, die zu Herzen geht, ein gutes Buch, ein Sitzplatz im Bus, eine warme Decke im Winter, eine zweite Decke in der Yogastunde, schöne Stifte, genügend Luft im Fahrradreifen, golden glitzernder Lidschatten, freundlich grüßende Menschen, bequeme Schuhe, passende, nicht einengende Kleidung, genug Licht, ein Sonnenuntergang, frische Nachtluft …

Manchmal schenkt uns die neue Begegnung mit einem Menschen überraschend das Gefühl von Luxus. Ein Mensch, bei dem einem warm und leicht(er) ums Herz wird. Wo man wieder tiefer durchatmen kann, wo sich vielleicht sogar neue Welten und Räume öffnen. So eine tiefere Begegnung ist eins der erfüllendsten Dinge, die man sich im Leben vorstellen kann. Die Begegnung hinterlässt ein Strahlen im Gesicht, ein zartes Gefühl der Glückseligkeit. Das passiert selten und ist daher ein kostbares Geschenk: eine Doppel-Deluxe-Supreme-Tankstelle. Suchen kann man die nicht, nur finden.

Suchen wir regelmäßig unsere vertrauten Luxustankstellen auf oder lassen uns von unvermuteten Luxustankstellen überraschen, dann gleiten wir auch etwas sanfter durch Zeiten mit leichtem Mangel, Stress, Ra(s)tlosigkeit. Durch Zeiten, die sich so gar nicht nach Luxus anfühlen. Doch vor allem gerade in diesen Mangelmomenten dürfen wir ganz inbrünstig fragen: „Entschuldigung, wo bitte geht es hier zur nächsten Luxustankstelle?"

IMPULS FÜR DICH:
DEINE PERSÖNLICHEN LUXUS-TANKSTELLEN

Wie sehen deine ganz persönlichen Luxustankstellen aus? Und welche möchtest du in der kommenden Zeit unbedingt aufsuchen?

PLATZ FÜR DEINE GEDANKEN, WÜNSCHE UND ZEICHNUNGEN

Das perfekte Zeitmanagement?

„Wie machst du das alles? Du musst ein gutes Zeitmanagement haben. Vielleicht kannst du mir bei Gelegenheit mal ein paar gute Tipps geben?", ruft mir eine quirlige Frau im Vorbeigehen zu, als wir gerade unsere Kinder abholen und uns im Treppenhaus begegnen. Wir sind beide Mütter dreier Kinder. Beide mit dem Anliegen, Mutterschaft und Berufstätigkeit auf eine ausgewogene Art miteinander zu verbinden.

Meine schnelle Antwort in dem Moment ist: „Ja, das stimmt. Man muss sich schon gut organisieren, um alles unter einen Hut zu bekommen." Dann schiebe ich noch schnell nach, dass es aber immer wieder der „große Wahnsinn" sei. Später denke ich darüber nach. Immer wieder geht mir diese Sequenz durch den Kopf. Ich frage mich: Was bedeutet denn gutes Zeitmanagement wirklich? Wie sollte sich gutes Zeitmanagement in uns anfühlen?

Sind nicht glückliche, entspannte Kinder und ein entspanntes Zusammenleben wichtige Zeichen für ein gutes Zeitmanagement? Und bedeutet es nicht auch, immer wieder wirklich zu sehen, was dran ist? Lieber die Matschhose kaufen zu gehen statt noch ein paar E-Mails rauszuschicken. In aller Ruhe und wirklich mit Freude (!) einen Geburtstagskuchen zu backen. Aber eben auch einen Artikel fertigzuschreiben statt die Wäsche zusammenzulegen. In Ruhe auf dem Sofa einen Kaffee zu trinken anstatt die Küche aufzuräumen. Ganz wesentlich geht es ja dabei um unser eigenes Wohlbefinden, unsere Zufriedenheit, unser Glücksempfinden als Mütter und Väter. Alle Ebenen spielen dann zusammen.

Unsere Zeit ist begrenzt: 24 Stunden am Tag. Es geht nicht alles und am Ende reicht sie eh nie. Wir können niemals all den Erwartungen der anderen entsprechen. Ja, und eben auch oft nicht unseren eigenen! Aber wir können lernen, unsere eigenen Maßstäbe zu setzen und realistisch zu schauen, was möglich ist und was nicht. Am Ende des Tages dürfen wir uns dann auf die Schulter klopfen und sagen: „Wunderbar, das hast du heute wieder gut gemeistert." Wir können lernen, wertzuschätzen, wie wir unseren Alltag meistern. Und wenn wir schon dabei sind, können wir auch gleich anerkennen, wie wir unser gesamtes Leben meistern!

Wie also sieht nun auf rein praktischer Ebene mein persönliches Zeitmanagement aus? Simpel gesagt: Wieder und wieder Fokus setzen. Ich frage mich, was in meiner Arbeit zu tun ist, was wirklich wichtig ist und als Nächstes ansteht. Das versuche ich realistisch zu planen und aufzuschreiben. Überschaubare, wirklich realistische wöchentliche To-do-Listen. Ich versuche, klar zwischen Arbeit und Zeit mit den Kindern zu unterscheiden. Ich halte also klare Arbeitszeiten ein, und wenn ich den Kleinsten vom Kindergarten abhole, bin ich ganz bei ihm.

In Bezug auf die organisatorischen Belange der Kinder gehe ich genauso vor: Kleidung kaufen, Schultermine, Organisatorisches – das kommt auch auf eine Liste. Dann heißt es, immer schön abhaken und anerkennen, dass ich mir die Zeit dafür genommen habe. Ganz wichtig ist aber auch die tägliche Zeit für meinen Rückzug. Möglichst einmal mitten am Tag. Wenn ich zu Hause arbeite, dann ist das ein kurzes Schläfchen, eine Meditation im Liegen oder eine Runde lesen in einem Buch. Manchmal sind das 15 Minuten, manchmal auch mal eine Stunde. Auch wenn ich Termine habe, versuche ich, diesen kleinen Mittagsrückzug einzuplanen, was natürlich nicht immer geht, aber einen Versuch ist es wert.

Am Abend, wenn die Kinder in ihren Zimmern sind, mache ich nur noch für mich schöne, angenehme Sachen: keinen Haushalt, keine Wäsche, keine Arbeit. Denn in diesen Punkten gibt es immer etwas zu tun – seien es null, eins, zwei, drei oder noch mehr Kinder. Da braucht es die klare Entschlusskraft, diesem Sog zu widerstehen.

So dürfen wir also für das Zeitmanagement mehrmals am Tag ganz bewusst den Fokus auf das lenken, was uns gut tut, was für uns wesentlich ist und was jetzt als nächstes dringend gemacht werden muss.

IMPULS FÜR DICH: DEINE 24 STUNDEN

Wie geht es dir mit diesen 24 Stunden am Tag? Wie gestaltest du deine Zeit? Was braucht auf jeden Fall Platz an (d)einem Tag? Und wie gut gelingt es dir, dir selbst regelmäßig auf die Schulter zu klopfen?

PLATZ FÜR DEINE GEDANKEN, WÜNSCHE UND ZEICHNUNGEN

Still werden

Inzwischen tönt, klingelt und brummt es überall um uns herum: im Bus, in der U-Bahn, im Supermarkt, in Geschäften – fast ununterbrochen den lieben, langen Tag hindurch, aber auch die Nächte sind selten von Stille geprägt. Wir können uns also auf die Suche nach stillen Momenten begeben. Vielleicht erst mal die Ruhe im Außen finden, bis es mehr und mehr fast wie von selbst auch in uns still(er) werden darf: Wenn die äußeren Aktivitäten zur Ruhe kommen, kann es innen drin plötzlich sehr laut werden. Das, was sonst durch den äußeren Lärm einfach übertönt wird, wird auf einmal hörbar. Je häufiger wir aber die stillen Momente suchen, desto leichter wird es, innerlich kurz innezuhalten, auch wenn es rund um uns herum lärmt.

Wir können stille Momente in unserem Alltag kultivieren, zum Beispiel direkt nach dem Aufwachen. Sei es ein Strecken und Räkeln, mit den Beinen in der Luft Rad fahren und dabei die wohltuende Bewegung wahrnehmen. Oder einfach da liegen, um den Atem zu spüren. Ein oder zwei Hände auf den Bauch und/oder aufs Herz legen und nach innen spüren: aufwachen und die letzte Nacht oder den abgebrochenen Traum noch fühlen. Eine andere Möglichkeit, die die wunderbaren Lachyogis empfehlen, wäre: gleich mit einem kraftvollen Morgenlacher in den Tag starten. Oder vielleicht lieber mit einem verspielten Morgenkichern? Wofür auch immer du dich entscheidest, halte danach für einen Moment inne. Lass es still werden in deinem Körper und in dir. Starte erst dann los in den Tag.

Eine weitere schöne Schwelle bietet der Abend kurz vor dem Schlafengehen. Entweder auf deiner Matte, einer Decke oder auf einem Polster an einem ruhigen Platz, dabei kannst du auf dem Rücken rollen, am Rücken liegend die Beine wechselweise anbeugen und strecken oder alle Viere in die Luft heben und kräftig ausschütteln. Strecke danach deine Beine auf dem Boden aus und lass es still werden. Oder du setzt dich gleich in einen bequemen Sitz, schließt die Augen und spürst nach innen: Wie war dein Tag? Was war gut? Wofür bist du heute dankbar? Was wünschst du dir für den morgigen Tag? Lass deine Wünsche möglichst konkret werden und beende so innerlich den Tag.

Wir können auf diese Weise aber auch durch den Tag gehen: Immer wieder still werden, in unseren Handlungen mehrere Sekunden oder Minuten lang innehaltend. Dabei wahrnehmen, wo wir gerade mit wem sind und wie sich unser Körper in diesem Moment anfühlt.

Stille.

IMPULS FÜR DICH: DEINE STILLEN ORTE

Wo kannst du besonders gut still werden? Mit welchen Menschen kannst du Momente der Stille teilen? Bewege dich aufmerksam durch den Alltag und halte Ausschau nach der Stille.

PLATZ FÜR DEINE GEDANKEN, WÜNSCHE UND ZEICHNUNGEN

Denk an den Bagger

Es war eine schöne Zeit und vor allem eine längere Pause: vom vielen Organisieren, Planen, Checken. Entspannte Feiertage. Ein Zitronenhühnchen. Zeit mit Freund*innen. Zwischendrin eine belebende Reise, in eine große Stadt. Fremde Stimmen, Sonne am Fluss, allein im Whirlpool. Beglückend, von einem anderen, fernen Aussichtspunkt auf das derzeitige Weltgeschehen zu schauen. Und dann noch viele Tage zum Ausschlafen. Langsam machen. Spazieren gehen. Spiele mit den Kindern spielen. Etwas unternehmen.

Schließlich ist Sonntag und dann auch der Vorabend zum allgemeinen Schul-, Kindergarten- und Arbeitsbeginn. Fast alle stöhnen. Ohje, wieder das frühe Aufstehen, das zeitige Verlassen der Wohnung, das Erledigen der Aufgaben. Organisieren, planen, checken. „Ich mag nicht", bekomme ich zu hören. Oder: „Ich habe überhaupt keine Lust." Der Jüngste wirft ein: „Man sollte die Ferien bis zum Jahresende verlängern." Ich schlage daher beim Abendessen vor, dass wir gemeinsam einen Anker zum nächsten Abend werfen. Was wäre ein freudiges Ereignis, das wir am Ende des ersten „Alles geht wieder los!"-Tages begehen könnten? Etwas Schönes, auf das man sich freuen könnte. Zwar beim morgigen Aufwachen die Schwere spüren und sich innerlich gegen das Aufstehen sträuben, aber dann an heute ABEND denken, denn da werden wir ...

Was könnten wir werden? Am Abend alle zusammen ein Fußballmatch spielen, gemeinsam ein großes Bild malen oder eine Collage für das neue Jahr kleben. „Am Lego-Bagger weiterbauen!", ruft der Jüngste. So wie er an vielen Tagen in den Ferien verschiedene Lego-Geschenke aufbaute. Wir fassen nochmal alle unsere Ideen zusammen und einigen uns: nichts muss, alles kann.

Am kommenden Morgen wie erwartet: Gestöhne und Geseufze. Der Jüngste wälzt sich noch ewig im Bett herum. Der Morgen ist kalt, der Porridge warm. Die Uhrzeit ist früh, doch wir erinnern uns an das Spät am Abend. Und doch fließt im gefühlten Stress eine Träne. Die Großen sind irgendwann davon und ich bringe den Jüngsten in den Kindergarten. Er murmelt auf dem Weg mehrmals: „Ich will nicht in den Kindergarten ..." Beim Umziehen in der Garderobe wird das Tempo immer langsamer. Beim Verabschieden am Gruppenraum hält er inne und seine Augen werden plötzlich glasig. Sie suchen meinen Blick. Er ist da. Die Lippen beginnen leicht zu zittern. Ich sage kraftvoll zu ihm: „Denk an den Bagger." Der

Jüngste zögert kurz und verabschiedet sich. Es ist nicht alles gut, aber es ist zumindest okay. Es ist aushaltbar.

Trotzdem zieht es auf dem Weg hinaus in meinem Herzen. Ich kann mich so gut daran erinnern, wie es sich anfühlt, die Wärme des Zusammenseins, die Sicherheit des Zuhauses verlassen zu müssen, ins gefühlt Fremde zu gehen. Ich erinnere mich, dass sich die Übergänge oftmals hart anfühlten und alles zurück ins Warme will, das Halt verspricht. Aber dennoch muss man hinaus in die weite Welt.

Ich kann an meinem Schreibtisch zu Hause arbeiten. Als ich am Vormittag zu einem wenn auch sehr angenehmen Termin muss, fühle ich dennoch leichtes Unbehagen. Ich bin sehr müde und würde am liebsten im Warmen zu Hause bleiben. Absagen? Geht nicht mehr. Im Vorbeigehen am Kinderzimmer fällt mein Blick auf den halbfertigen Bagger. Mein Herz macht einen klitzekleinen Hüpfer und ich verlasse die Wohnung.

Dankbarkeit

Dankbarkeit ist etwas Wunderbares. Und doch fällt es mir schwer, passende, nicht bereits abgedroschene Worte dafür zu finden. Sie scheint in aller Munde zu sein und wirkt somit auf mich – wie die schon länger „diktierte Achtsamkeit" – nahezu bedrohlich. Meinem Empfinden nach braucht alles, was als Rezept für Dauerglück auf den Markt geworfen wird, eine Portion Entschlackung, eine wirklich große Portion Entschlackung, um in seiner Naturgestalt wieder wahrgenommen werden zu können, nämlich als das, was das Wesen von Dankbarkeit oder eben Achtsamkeit ist: die direkte Erfahrung, das eigene Erleben.

Dankbarkeit ist nicht etwas, was auf Abruf geschieht, was wir an- oder ausschalten können. Dankbarkeit entsteht. Sie taucht auf, wächst, aber verschwindet auch wieder. Fühlen wir einen großen Mangel und Anstrengung, erscheint es beinahe wie eine Gewalttat, Dankbarkeitsbekundungen zu notieren. Denn dann fühlen wir doch vor allem Mangel, Leere und ein Stück Ohnmacht. Fühlen wir aber eine große Fülle, lassen sich leicht viele Gründe für Dankbarkeit finden. Fülle und Leere. Dazwischen gibt es zahlreiche Schattierungen.

Trotzdem: Momente der Dankbarkeit regelmäßig zu feiern, schenkt uns ein Mehr an Zufriedenheit und Wohlbefinden. Wir sehen nicht das, was fehlt und wo unsere Wünsche (noch?) unerfüllt sind, sondern das, was alles schon vorhanden ist in unserem Leben: die über Jahre gewachsenen Beziehungen, das warme Zuhause, in dem wir uns wohlfühlen, gutes Essen, Musik, Reisen, geliebte Kleidungsstücke, oder Aspekte, die wir an uns selbst mögen und wertschätzen lernen, vertraute Wege im Alltag, die freundliche Verkäuferin beim Bäcker, die Straßenbahn ohne Wartezeit an der Haltestelle, der klare Nachthimmel im Winter, die eiskalte, frische Morgenluft oder ein heißer, wärmender Tee, im Sommer das Vogelgezwitscher am frühen Morgen oder das Fahrrad, das uns besonders an lauen Sommerabenden vertraut und fast von selbst durch die Straßen fährt, prickelndes Mineralwasser, wenn wir durstig sind, oder ein guter Eiskaffee bei hohen Temperaturen.

Manchmal sind es kleine Accessoires im Alltag, für die wir dankbar sein können: ein liebgewonnenes Armband, Ohrringe, das Lieblingshäferl, also die Lieblingstasse für unseren Tee oder Kaffee, die kräftige Nagellackfarbe, das Portemonnaie, das wir uns bei einem Stadtbummel selbst gegönnt haben, und so vieles mehr. Die Liste wird immer länger, je genauer wir hinschauen, denn dann sehen wir wie auf einem großen Gemälde immer mehr Details. Und je öfter wir hinschauen, desto mehr erkennen wir die vertrauten Kleinigkeiten und verstärken unsere Freude an ihnen. Dabei geht es nicht darum, das Schwierige, Unschöne, Fordernde im Leben auszublenden. Nein, diese Aspekte sind auch ein Teil des Lebens. Es geht vielmehr darum, eine Art Gegengewicht zu unseren Ängsten, Zweifeln und sorgenvollen Gedanken herzustellen. Denn diese zeigen sich ganz von allein – mit ziemlicher Regelmäßigkeit. Sie verstellen uns gern den Blick auf das, was gelingt, beglückt, erfüllt. Indem wir also dankbare Momente im Alltag kultivieren, setzen wir dem Mit-dem-Leben-Hadern etwas entgegen und können in der Spannung zwischen diesen beiden Polen Tag für Tag unseren ganz eigenen Weg gehen.

IMPULS FÜR DICH: DANKBARKEITSMOMENTE

Schließe deine Augen und denke an drei Momente an diesem Tag, für die du dankbar bist. Das können ganz kleine Sachen sein oder auch vielleicht ein großer, wichtiger Moment. Schau, was sich von selbst zeigt. In der Rückbesinnung fühlst du nun nochmal kurz in diese wärmenden Momente hinein. Lass das beglückende Gefühl auftauchen und nimm es ganz in dich auf. Verweile noch für einen Moment in diesem Gefühl von Wärme und Licht.

PLATZ FÜR DEINE GEDANKEN, WÜNSCHE UND ZEICHNUNGEN

Fünf Tipps für die akute Selbstfürsorge

Manchmal gibt es Tage oder auch Wochen, an oder in denen es uns nicht gut geht. Nicht immer wissen wir, warum, und manchmal lassen sich vielleicht keine Worte dafür finden. Hier sind fünf Tipps für die unmittelbare Selbstfürsorge. Schenk du dir diese Zeit und Aufmerksamkeit, von denen es manchmal mehr braucht, manchmal weniger.

1. Fixiere für heute einen Zeitraum, in dem du dich ungestört in einen geschlossenen Raum zurückziehen kannst (zwei Stunden mindestens wären gut). Leg dich mit einer Decke auf ein Bett, das Sofa oder den Boden. Schließe die Augen. Spüre deinen Atem.
2. Geh am Abend früh ins Bett und höre Musik, am besten über Kopfhörer. Lass dich von der Musik einhüllen, von einer Musik, die dir guttut, die zu deiner momentanen Stimmung passt. Lass dich in den Schlaf führen. Morgen ist ein neuer Tag.
3. Ruf eine*n Freund*in an. Jemanden, zu dem du Vertrauen hast. Anrufen und sofort sagen, dass es dir gerade nicht gut geht. Warten. Zulassen. Mit einem lieben Menschen sein. Noch schöner: einen vertrauten Menschen persönlich aufsuchen.
4. Schreibe in ein Heft oder auf ein leeres Blatt Papier alles, was dir derzeit durch den Kopf und das Herz geht. Schreibe, zeichne, kritzle dir ein Stück Schwere von der Seele. Nur für dich.
5. Nimm dir Zeit für eine ausgiebige Dusche ganz in Ruhe. Creme dich danach langsam ein: deinen ganzen Körper, nimm die Berührung wahr. Wähle danach Kleidung aus, die dir ein warmes, gutes, liebendes Gefühl gibt. Kleidung, in der du dich wohlfühlst: bequem, weich, in deinen liebsten Farben.

„Es sind nicht die Ereignisse, die unser Leben bestimmen, sondern die Bedeutung, die wir ihnen geben."

Federico Garcia Loca

Resilienz

Beim Thema Ressourcen stoßen wir bald auch auf ein relativ junges, interdisziplinäres Forschungsgebiet: die Resilienz. Der Neurowissenschaftler Raffael Kalisch definiert Resilienz als „die Aufrechterhaltung oder schnelle Wiederherstellung der psychischen Gesundheit, während und nach Widrigkeiten" (2020, S. 28). Wir sprechen hier also von der Fähigkeit, Krisen und Rückschläge im Leben möglichst unbeschadet zu überstehen. Möglicherweise wird auf psychischer Ebene eine kurze Irritation erlebt, doch insgesamt wird die psychische Gesundheit trotz erlebter Stressoren nicht nachhaltig beeinflusst – im Gegenteil gehen wir oftmals sogar gestärkt aus diesen Zeiten hervor. Die Kernfrage in der Resilienzforschung lautet demzufolge: Warum bleiben Menschen, unabhängig von der Schwere der Hindernisse und Probleme im Leben, psychisch gesund? Welche Faktoren spielen zusammen, wenn Krisen unbeschadet überwunden werden können?

Die frühe Forschung der Entwicklungspsychologin Emmy Werner in diesem Bereich, und damit eine der ältesten und bekanntesten Studien zur Resilienz, hat ergeben, dass Resilienz aus einem Zusammenspiel von inneren und äußeren Ressourcen entsteht (zit. in Kalisch 2020). Die inneren Ressourcen als die persönlichen Ressourcen sind zum Beispiel intellektuelle Fähigkeiten, Impulskontrolle, Beziehungsfähigkeit, Selbstvertrauen, Empathie. Die sozialen, materiellen und institutionellen Ressourcen werden als äußere Ressourcen bezeichnet. Ein wichtiger Faktor für ein resilientes Leben ist also, dass wir mindestens eine Bezugsperson zur Verfügung haben. Ganz konkret: Wenn es mir schlecht geht, wenn ich mich in einer Situation befinde, in der ich nicht mehr weiterweiß, gibt es einen Menschen, dem ich vertraue und an den ich mich dann wenden kann. Diese Bezugsperson ist in der Kindheit häufig ein Elternteil, kann aber auch die Großmutter, der Onkel oder die Nachbarin sein. Auch positive Beziehungen zu den Geschwistern sind relevant. Und – ganz wichtig – diese Bezugspersonen können im Laufe des Lebens natürlich wechseln. Hauptsache, es gibt überhaupt jemanden!

In den Institutionen, also in Schulen und Kindergärten, sind ein wertschätzendes Klima, klare Regeln und die Verstärkung positiver Anteile maßgeblich für die Ausbildung von Resilienz. Im weiteren sozialen Umfeld wirken sich gute Arbeitsmöglichkeiten, ein förderliches Arbeitsklima und kulturelle Faktoren auf die Widerstandsfähigkeit aus.

Nachweislich verfügen resiliente Menschen über ein stärkeres Immunsystem, erholen sich schneller und haben weniger körperliche Beschwerden. Sie empfinden generell weniger Ängste und sind seltener von Depressionen betroffen. Man kann sagen, dass resiliente Menschen mehr Lebenszufriedenheit empfinden.

Das Schöne an der Resilienz ist, dass sie sich wie Selbstfürsorge verhält: Sie ist erlernbar und kann im Alltag sowohl gelebt als auch genährt werden. Resilienz beschreibt einen dynamischen Zustand. Das heißt, wir können sie lernen, wir können sie weiter ausbauen, aber wir können sie auch jederzeit wieder verlieren. Kalisch (2020) weist darauf hin, dass Resilienz keine Eigenschaft sei, und dass es fraglich bleibe, inwiefern wir Resilienz an sich wirklich trainieren können. Letztendlich werden wir resilienter, indem wir Krisen erleben, durch sie hindurch gehen und an ihnen wachsen.

Es existieren unterschiedliche Modelle zur Resilienz. Dabei wird in diesem weiterhin wachsenden, lebendigen Modell von mehreren Säulen bzw. Wegen gesprochen, die unsere Widerstandsfähigkeit stärken. Der Wissenschaftsjournalistin Christina Berndt zufolge ist die Selbstfürsorge im Zehn-Wege-Modell der American Psychological Association (APA) einer dieser Wege: „Sorgen Sie für sich selbst: Achten Sie auf Ihre Bedürfnisse und Gefühle. Machen Sie Dinge, an denen Sie Spaß haben und die sie entspannend finden. Verschaffen Sie sich regelmäßig Bewegung. Wer sich um sich selbst kümmert, stärkt Körper und Geist, um auch mit schwierigen Situationen zurechtzukommen" (2019, S. 202).

Sieben Säulen/Schutzfaktoren der Resilienz

Wir wollen unseren Zugang zur Resilienz noch etwas vertiefen. Ich stelle das Modell der *Sieben Säulen* oder *Sieben Schutzfaktoren der Resilienz* vor, das auf der Forschung von den Psycholog*innen Karen Reivich und Andrew Shatté (2002) basiert. Gemeint sind jene Aspekte, die uns im menschlichen Dasein in schwierigen Zeiten zugute kommen und unterstützen können. Die drei ersten Schutzfaktoren bilden die Grundhaltung von Resilienz: Optimismus, Akzeptanz und Lösungsorientierung.

1. Optimismus

In einer optimistischen Grundhaltung betrachten wir eine Krise als zeitlich begrenzt. Wir gehen davon aus, dass diese von uns bewältigt und überwunden werden kann. Natürlich fühlt es sich in krisenhaften Zeiten überhaupt nicht danach an, als würde das Leben jemals wieder besser, leichter oder gar gut werden. Doch wenn wir gedanklich eine bessere Zukunft zeichnen und Vertrauen in diese positiven, inneren Bilder entwickeln, schenkt uns diese Einstellung Kraft für das Gegenwärtige. Wir versuchen sanft die Vorstellung zu kultivieren, dass sich alles letztendlich zum Guten wenden kann. Sicher wissen wir das nie. Doch wir profitieren eher von einer positiv ausgerichteten Haltung als von einer negativen. Der Fokus auf das Misslingende und Schwierige schwächt uns eher und wirkt häufig lähmend.

Unseren Blick trotz momentaner, schwieriger Lebenssituation auf die guten, kleinen Aspekte zu lenken, nährt auch unseren Optimismus. Man kann regelmäßig bewusst aus dem Katastrophenempfinden aussteigen und auf die schönen Momente im Leben schauen. Manchmal müssen wir regelrecht danach suchen, aber je häufiger wir das tun, umso leichter fällt es uns und wir schärfen unseren Blick für das Gute in der Gegenwart.

2. Akzeptanz

Eine Grundhaltung von Akzeptanz meint, die herausfordernde und oftmals überfordernde Situation anzunehmen, sich mit ihr einverstanden zu erklären. Wir müssen nicht gut finden, was uns widerfahren ist oder in welche Situation wir uns vielleicht auch selbst manövriert haben, doch auf lange Sicht schenkt es uns mehr Kraft, wenn wir akzeptieren, dass wir uns nun in einer schwierigen Lebenssituation befinden, statt ständig dagegen aufzubegehren. Es geht darum, sich der Realität zu stellen und nicht in ständiger Wiederholung gedanklich und emotional in die Vergangenheit abzuschweifen. Und ja, das ist nicht leicht! Denn wir wollen das Passierte rational begreifen. Anfangs mag es der Versuch sein, das jetzt nicht zu Ändernde zu akzeptieren. Wir versuchen die neuen Gegebenheiten im eigenen Leben anzunehmen: die Trennung vom Partner, den Tod eines nahestehenden Menschen, eine Fehlgeburt, den Jobverlust, den Umzug in eine neue Stadt/ein neues Land/auf einen anderen Kontinent, eine überraschende Krankheit – die Gründe für eine Krise sind vielfältig. Und neben der Akzeptanz braucht es viel Raum für Trauer, Ärger, Wut und Verzweiflung. Zeit spielt für das Finden von innerer Akzeptanz eine wesentliche Rolle. Oftmals braucht es viele Runden bis zur wirklichen Akzeptanz – bis sie in unser tiefstes Innerstes eingedrungen ist.

Kabat-Zinn beschreibt in seinem Buch *Gesund durch Meditation* die Haltung von Akzeptanz mit folgenden Worten:

„Akzeptanz bedeutet nicht, einfach alles gut zu finden oder mit allem zufrieden zu sein. Es bedeutet auch nicht, destruktiven Gewohnheiten freien Lauf zu lassen oder den Wunsch nach Veränderung aufzugeben, Ungerechtigkeit zu tolerieren, in Passivität oder gar Fatalismus zu verfallen. Vielmehr sollte man darunter die Bereitschaft verstehen, Menschen und Geschehnisse möglichst unvoreingenommen, möglichst frei von eigenen Interpretationen zu betrachten. Ein klarer, von Ängsten und vorgefaßten Meinungen ungetrübter Geist erkennt die wirklichen Anforderungen einer Situation ungleich besser und ist in der Lage, entsprechend zu handeln." (2011, S. 53)

3. Lösungsorientierung

Der dritte Schutzfaktor besteht darin, eine lösungsorientierte Haltung zu etablieren. Diese stärkt uns darin, nicht nach den Fehlern in der Vergangenheit zu suchen, sondern nach Lösungen und neuen Wegen für die Zukunft Ausschau zu halten: Wie kann ich das Beste aus dieser schwierigen Zeit machen? Trotz all der Schwere und dem Gefühl der Dunkelheit kann es wohltuend sein, die eigenen Wünsche wahrzunehmen, ja Visionen für die weitere Zukunft zu entwickeln. Wo möchte ich hin? Wie können verschiedene Lösungen aussehen, die sich gut für mich anfühlen? Was ist der nächste, kleine Schritt, den ich machen kann, um mich aus dieser Situation ein Stückchen nach vorn zu bewegen?

Die nächsten vier Schutzfaktoren der Resilienz beschreiben Handlungsweisen, die unsere psychische Gesundheit in schwierigen Situationen unterstützen können: das Verlassen der Opferrolle, die Verantwortungsübernahme, Netzwerkorientierung und Zukunftsgestaltung.

4. Opferrolle verlassen

Wenn wir das momentane Leben bestmöglich gestalten und aktiv ins Handeln kommen wollen, bewegen wir uns langsam aus der Opferrolle heraus und befreien uns von dem lähmenden Ohnmachtsgefühl. Wir nehmen unsere Bedürfnisse und Wünsche ernst und beginnen, konkrete, kleine Schritte zu setzen, um diesen zu folgen. Dabei dürfen wir uns bewusst an unsere Stärken erinnern. Nach und nach vermag sich ein nachhaltiges Sättigungsgefühl einstellen: die Selbstwirksamkeit. Wir können unsere inneren Anliegen in Taten umsetzen und nehmen wahr, was wir aus eigener Kraft und Entscheidung bewirken können.

5. Verantwortungsübernahme

Wir sind bereit, für das eigene Handeln Verantwortung zu übernehmen und die Konsequenzen aus den vergangenen Ereignissen zu tragen. Gleichzeitig setzen wir Vertrauen in unser eigenes Können. Selbstfürsorge spielt insbesondere in diesen Schutzfaktor hinein, denn wenn wir auf unser Wohlergehen schauen und unsere Bedürfnisse ernst nehmen, übernehmen wir auch Verantwortung für uns selbst.

6. Netzwerkorientierung

Das klingt so förmlich, fast schon kantig, aber fühlt sich wärmend und wunderbar an: Stabile, vertrauensvolle Beziehungen scheinen Kalisch (2020) zufolge ein wichtiger Schutzfaktor zu sein und unterstützen uns darin, psychisch auch dann gesund zu bleiben, wenn alles um uns herum ins Wackeln gerät. Wir fühlen uns mit anderen Menschen verbunden und wissen, wir stehen unseren Nöten nicht allein gegenüber. In der Fachsprache sprechen wir hierbei von Netzwerkorientierung.
So können wir in verzwickten Lebenslagen oftmals auf gute Freund*innen, die Familie, eine vertraute Gruppe zählen und uns gerade dann auch darin üben, ihre Hilfe anzunehmen. Das bedeutet allerdings, Freundschaften und Beziehungen in guten Zeiten zu pflegen, ja, ihnen genügend Raum im Alltag zu geben. Genauso wichtig ist es, den uns wichtigen Menschen regelmäßige Dankbarkeit auszudrücken und wertzuschätzen, dass sie überhaupt in unserem Leben einen Platz eingenommen haben. Wir kommen im nachfolgenden Kapitel darauf zu sprechen,

welchen Wert es haben kann, sich dann und wann von anderen umsorgen zu lassen.

7. Zukunftsgestaltung

Der letzte Schutzfaktor ist die Zukunftsgestaltung. Auch wenn es in schlechteren Zeiten eher schwer fällt, hilft uns der nach vorn gerichtete Blick und die Überlegung, wie wir unsere Zukunft gestalten wollen. Wir dürfen – wie bereits beim Schutzfaktor Optimismus – gerade dann, wenn es ganz dunkel und eng wird, Visionen von einer positiven, entspannten Zukunft entwickeln und uns in unserem eigenen Tempo darauf zubewegen. Es sollten realistische Schritte sein, die auch wirklich umsetzbar sind. Wichtig ist, dass wir flexibel bleiben, was die Erfüllung dieser Zukunftsvisionen anbelangt, doch träumen können wir so konkret wie möglich: Das ist wie ein Stern am Nachthimmel, an dem wir uns orientieren, nach dem wir uns ausrichten können und der uns in Bewegung hält – dort ankommen müssen wir eigentlich nicht unbedingt.

Die sieben Säulen der Resilienz zusammengefasst

Die Grundhaltung aus:
- **Optimismus**
- **Akzeptanz**
- **Lösungsorientierung**

Die Handlungsweisen:
- **Verlassen der Opferrolle**
- **Verantwortungsübernahme**
- **Netzwerkorientierung**
- **Zukunftsgestaltung**

Das sind die sieben Schutzfaktoren der Resilienz, von denen wir einige, die sich für uns gut anfühlen oder die uns beim Lesen inspirieren, in unserem jetzigen Leben kultivieren können. Es sind sieben Säulen, die nicht alle gleichzeitig standfest sein oder gleich viel Gewicht tragen müssen. Wir können uns mal mehr auf die eine Säule stützen, mal mehr auf eine andere. Aber wie auch in der Architektur gilt hier: Mehrere Säulen sorgen für größere Stabilität! Die aktuelle Resilienzforschung betont zwei Aspekte, die besonders wesentlich für einen resilienten Umgang mit Krisensituationen zu sein scheinen: das uns unterstützende soziale Netzwerk im Alltag und unsere grundlegende Bewertung von Veränderungen und Krisen im Leben.

Eins möchte ich an dieser Stelle aber noch gern betonen: resilient zu sein, schließt nicht aus, weiterhin verletzlich zu sein und ja, auch verletzt, durchs Leben zu gehen. Auch mit zunehmender Resilienz bleibt es wichtig, sich Hilfe zu suchen und durch größere Krisen professionell begleitet zu werden. Doch wir wissen, Menschen mit resilienten Fähigkeiten können diese tiefgreifenden Prozesse überleben und sogar gestärkt daraus hervor gehen. In diesem Sinne trainierbar ist also eine gewisse Lebenshaltung, die uns dann resilienter durch schwierige Zeiten gehen lässt. Hierbei geht es um einen klugen Umgang mit unseren persönlichen Ressourcen, die Verfeinerung unserer Kommunikationsfähigkeiten im Umgang mit anderen, eine gute Selbstregulation und damit auch gleich verbunden: die Selbstfürsorge!

Wie so oft im Leben, dürfen wir uns wieder bewusst machen, dass es keine Rezepte, keine fixen Anleitungen, keine Versprechungen im Leben gibt. Doch wir können neugierig auf das Leben bleiben, wir können Neues ausprobieren und ganz wichtig: Wir dürfen es uns gut gehen lassen – jeden Tag und immer mehr.

IMPULS FÜR DICH:
DEINE LEBENSSTRATEGIEN ENTDECKEN

Nimm dir für diesen Impuls ausreichend Zeit und wähle einen ruhigen Platz dafür aus. Gehe gedanklich zurück und erinnere dich an eine vergangene, schwierige Zeit in deinem Leben. Wichtig ist, dass sich diese Herausforderung für dich aus heutiger Sicht als abgeschlossen und überwunden anfühlt. Also wähle ein Ereignis in der Vergangenheit, auf das du nun mit ausreichend Distanz schauen kannst. Dann denke über folgende Fragen nach und schreibe anschließend auf einem Blatt Papier die Antworten nieder:

Wie hast du es überwunden?

Was waren damals deine Ressourcen und welche deiner Fähigkeiten und Eigenschaften haben dich dabei unterstützt?

Gab es bestimmte Menschen, ein bestimmtes Umfeld, die/das dir auch geholfen haben/hat?

Und: Was hast du aus dieser Zeit gelernt?

PLATZ FÜR DEINE GEDANKEN, WÜNSCHE UND ZEICHNUNGEN

Die Schöndenkerin

Ich bin so gut im Schöndenken und inzwischen empfinde ich dies als eine große Kunst. Allerdings muss ich zugeben, dass es eine Kunst mit Tücken ist! Lieber von etwas Lieblichem, Schönem ausgehen, als gleich im Finsteren über blutrünstige, mörderische Absichten zu brüten. In mir scheint es diese häufig unbewusste Tendenz zu geben: lieber die Rose im Dreck als das Sumpfloch in der Tasche. Aber nicht immer sind die Dinge im Leben so lieblich und schön, dann braucht es Realitätsnähe, Tatsachen und auch Klartext. Sehen, was ist. Benennen, was ist. Großes Scheinwerferlicht drauf, Megaphon herausholen – vor allem, wenn auch andere auf das Nicht-Schöne hingewiesen werden sollen.

Denn all die positive Denkerei gräbt dem Menschen manchmal eine Grube, manchmal ist es einfach nicht gut oder schön. Da gibt es im ersten (!) Schritt nichts zu atmen, umzudenken, schönzufärben. Krise-als-Chance-und-mit-Krebs-zum-wahren-inneren-Selbst-Gerede – das geht dann gar nicht.

Im menschlichen Leben gibt es Schicksalsschläge, Traumata, Verletzungen, Krisen, Krankheiten. Das ist zuerst hart, furchtbar und wenig wünschenswert. Das braucht Zeit und Raum, aber später vermag es sich zu wandeln in etwas anderes. Mit der Zeit zeigt sich etwas Zartes, Fruchtbares und ja, kaum zu glauben, etwas Wünschenswertes – aufgrund der Wandlungen, der Erkenntnisse, der unwiederbringlichen Veränderungen im Leben: ein Wachstum. Auf diesem Grund der Akzeptanz des Schrecklichen, Verletzenden und der Wandlung in etwas Neues kann wunderbar viel wachsen, gedeihen, sich in Richtungen entwickeln, von denen wir bisher noch nicht mal träumen konnten. Doch die Saat, der Beginn ist unschön. Auch nach Jahrzehnten noch. Da bleibt die Wunde. Und gleichzeitig diese atemberaubende Pflanze, die daraus gewachsen ist.

Das stille Glück

Ich wache auf, mit einer Ladung Träume im Gepäck, einer endlosen Schwere im Herzen. Mein Körper tut weh. Ich erinnere mich an meine Träume, an die wiederkehrenden Gedanken im Halb-Wach-Halb-Schlaf-Zustand. Ich bin wach, aber fühle mich müde. Was ist das doch für ein langer Weg, raus aus eng verwobenen Strukturen. Ich bin schon so weit gegangen, aber muss dennoch in diesen Momenten mit aller Kraft versuchen, meinen Kopf über Wasser zu halten. Die Leere fühlen und aushalten. Das Nicht-Wissen aushalten: Wer bin ich, wenn nichts mehr ist, wie es mal war?

Und dann kommt es: das stille Glück. In einem unerwarteten Moment klopft es leise von innen an. Ich halte inne: „Hallo! Das ist ja eine Überraschung. Mit *dir* habe ich überhaupt nicht gerechnet. Aber klar, komm rein. Mach's dir bequem und fühl dich wie zu Hause." Mit einem zarten Lächeln stehe ich an einer großen Straßenkreuzung. Laut lärmend fahren die Autos an mir vorbei. In mir ganz leise: Glück. Ich stehe da. Nichts ist rosig, wunderbar oder einfach nur gut. Doch in mir, zart und leise, ein kleines, kaum zu erahnendes Feuerwerk.

Diese kleinen Momente im Alltag, in denen dir plötzlich ein Lächeln übers Gesicht huscht. Es ist unwichtig, dass vielleicht vieles in deinem Leben gerade nicht stimmt. Dass da womöglich ein kleiner oder großer Mangel, eine Umwälzung oder zu viel Nicht-Verstehen ist. Aber dieser Moment entfaltet sich ganz überraschend. Du hast nichts gewollt, nichts angestrebt, nicht besonders versucht, irgendwie irgendwas zu lenken. Dennoch erfüllt dich ein warmes Gefühl. Sei es in einer Menschenmenge, beim Überqueren einer Straße, am Ende deiner Mittagspause, beim Aussteigen aus der U-Bahn oder einfach nur beim Spazierengehen: Etwas wird leicht und wunderbar in dir. Und nichts, rein gar nichts muss mit diesem unvermuteten Zustand passieren.

Stilles Glück.
Du mit dir.

IMPULS FÜR DICH:
DEINE SONNENSTRAHLEN-LISTE

Gute Gefühle bekommen wir mit großer Gewissheit: Wenn wir uns etwas gönnen und es auch genießen. Wenn wir anderen eine Freude bereiten. Wenn wir Dankbarkeit empfinden für das, was jetzt ist.

Was fällt dir ein, was hebt deine Laune, wenn es dir mal weniger gut geht? Erstelle eine Liste mit all deinen Stimmungsaufhellern. Sind es Orte? Sind es Tätigkeiten? Menschen? Eine bestimmte Musik? Ein Duft? Schreibe alles auf.

PLATZ FÜR DEINE GEDANKEN, WÜNSCHE UND ZEICHNUNGEN

„Ich mag das Vermissen."

Dieser Satz kommt aus meinem Mund geschossen, auf einem mehrtägigen Seminar auf dem Land, inmitten einer Gruppe von feinfühligen, empathischen Menschen. Es ist eher eine Randbemerkung von mir. Und doch spüre ich das kurze Innehalten, Erstaunen, Zögern der Gruppe nach diesem Satz. „Jaaa, tja, so ist das für *mich*", denke ich in dem Moment. Ich mag es, wenn etwas Liebgewonnenes eine Zeitlang abwesend ist. Vor allem dann, wenn ich mir der Wiederkehr sicher bin. Dann ist es eine Art süße Sehnsucht, wie ein Ziehen im Herzen. Hin zu dem anderen, aber gleichzeitig verbunden mit mir selbst. Das Vermissen ist dann die Wertschätzung und Anerkennung des gerade Fehlenden. Ein Platz, der erst durch seine vorübergehende Leere, seine Abwesenheit an Bedeutung gewinnt. Da fehlt auf einmal etwas, das diesen Platz immer ausgefüllt hat. Irgendwie schön.

Ja, natürlich, vermissen kann grausam sein! Meinen ersten, langjährigen Freund habe ich in der Schule kennengelernt. Meine erste große Liebe. Wir haben viel miteinander erlebt. In jungen Jahren unsere Elternhäuser mit all ihren Aspekten kennengelernt, viel gelacht, viel entdeckt und gemeinsam geweint. Wir fühlen uns bis heute verbunden – auch über 1000 Kilometer hinweg. Das ist ein großes Geschenk.

Nach der Matura machten wir damals beide, jeweils mit unseren Freund*innen, getrennt voneinander eine Reise: ich vier Wochen lang auf Interrail mit meiner Schwester und zwei Freundinnen in Südeuropa, er direkt danach mit seinem Freund zwei Wochen lang in Südfrankreich. Unsere Reisen lagen zeitlich so hintereinander, dass wir uns sechs Wochen nicht sehen konnten. Was für ein Graus in dem Alter! Zudem: damals noch ohne Handys. Während meiner Interrailreise haben wir uns zweimal dank Telefonzellen gesprochen: kurz und aufgeregt, schnell und teuer. Der einzige Kontakt. Die nachfolgenden zwei Wochen konnten wir uns gar nicht sprechen. Es. War. Furchtbar!

Ich habe wahnsinnig gelitten in diesen kaum auszuhaltenden Wochen. Ja, ich habe meinen Freund ganz elendig vermisst. Das Vermissen fühlte sich wie ein riesiger Verlust an. Wie abgeschnitten, verloren. Die Interrailreise habe ich mehr oder weniger genossen. Naja, ehrlich gesagt, weniger. Trotz der tollen Mädels! Aber sie waren zumindest eine gute Ablenkung.

Viele Jahre später habe ich eine Kassette gefunden, auf der ich damals meine Empfindungen ausdrückte, als ich wieder zu Hause war, aber mein Freund noch unterwegs. Unter Tränen versuchte ich auf dieser Aufnahme, Worte für meinen Zustand des Vermissens zu finden. Ich habe die Kassette nur kurz anhören können, weil ich überwältigt war von Scham. Mein eigener, roher, blanker Ausdruck war mir selbst zu viel und zu nah. Nicht auszuhalten.

„Iiiich mag Vermissen?" – ich musste ein wenig lachen bei der Erinnerung an den Sommer 1993 und meinen fröhlichen Ausruf im Seminar 25 Jahre später. Vermissen war lange Zeit ein großer Schmerz. Doch ich frage mich, warum es mir heutzutage oftmals anders damit geht. Kann man Vermissen etwa erlernen?

Auch wenn du nicht da bist, bin ich da. Auch wenn ich nicht da bin, bin ich da. Auch wenn du nicht da bist, bist du da. Also lernte ich Vertrauen in mich? Ins Leben, in die anderen, in die Liebe? Ich weiß es nicht.

Vielleicht hat es etwas damit zu tun, in sich zu Hause zu sein, einen sicheren Ort in sich kennenzulernen, diesen immer mehr zu kultivieren. Und auch im anderen einen Platz einzunehmen: selbstbewusst, mutig, vertraut. Dort die Liebe in den Dingen spüren. Die Verbindung zwischen zwei Menschen wahrnehmen, jenseits des Zusammenseins und Austauschens. Vielleicht können wir die Energie des Vermissens lieben lernen, weil diese Kraft nach vorn zieht, in die Zukunft, in das Morgen. Sie uns mobilisiert, weitertreibt und uns paradoxerweise wieder zu uns selbst zurückbringen kann.

Aber wie können wir uns selbst zu Hause sein, wenn Vermissen in uns ist? Wie sieht die Selbstfürsorge in so einem Moment aus? Wärme, Ruhe, Wasser, Musik, ein Duft, ein gutes Essen, warmes Getränk. Oder ein Telefonat mit einem oder eine Nachricht an einen vertrauten Menschen. Vielleicht hilft aber auch das Wissen, dass es nicht schlimm ist, so zu fühlen. Denn das ist das Leben, ein Teil des Spiels. Und letzten Endes heißt es immer: wieder zu Bett gehen und auf einen neuen, schönen Morgen vertrauen.

Eine Rose ist eine Rose ist eine Rose, oder Alice, I love you!

Ich brachte ihr bei jedem Besuch eine Rose mit, mehr als drei Jahrzehnte lang. Rot, rosa oder gelb. Jedes Mal sagte sie beim Betreten ihrer Wohnung: „Du brauchst doch nichts mitzubringen!", und freute sich über die Rose. Sie hatte bereits Unmengen an Kuchen und Torte beim Bäcker gekauft, kochte Tee und platzierte mich auf ihrem Sofa im Wohnzimmer. Wir redeten. Und redeten. Einen ganzen Nachmittag lang. Über das Leben, über den Tod, über mich, über sie. Ich saß da, aß Kuchen und trank Tee. Hörte zu oder erzählte.

Manchmal wurde ich müde. Sie merkte es immer einen Moment früher als ich. „Du bist müde? Komm leg dich hin, schlaf ein bisschen." Dann machte ich mich auf dem Sofa lang, während sie mir eine warme Decke holte und sich wieder in ihren Sessel gegenüber von mir setzte. Irgendwann schlief ich ein.

Als während meiner Studienzeiten eine Welt für mich zusammenbrach und ich für einige Zeit den Boden unter den Füßen verlor, war sie da: keine Ratschläge, keine Umarmung, kein ausgesprochener Trost. Sie kochte einfach Tee und platzierte mich auf dem Sofa im Wohnzimmer. Ich redete. Einen kompletten Nachmittag lang. Über mich. Ich saß da, aß Kuchen und trank Tee. Sie hörte zu und manchmal bezog sie Stellung, ganz klar und direkt.

Als ich vor knapp zwanzig Jahren nach Wien zog, sagte sie sofort, sie würde mich dort nie besuchen kommen. Das wäre ihr zu weit in ihrem Alter. In Ordnung. Ich wusste Bescheid. Also telefonierten wir nun regelmäßig. Wenn ich Lust hatte, rief ich sie an. Manchmal meldete auch sie sich: „Kontrolle! Ich wollte mal hören, wie es euch geht", tönte es dann laut und fröhlich aus meinem Anrufbeantworter. Zweimal im Jahr fuhr ich nach Hamburg und besuchte sie. Für einen Nachmittag. Ich saß auf ihrem Sofa im Wohnzimmer. Wir redeten. Und redeten. Einen ganzen Nachmittag lang. Über das Leben, über den Tod, über mich, über sie. Ich saß da, aß Kuchen und trank Tee. Hörte zu oder erzählte.

Vor ein paar Jahren stürzte sie zum ersten Mal in ihrer Wohnung. Dann immer wieder, wenn auch noch in größeren Abständen. Mich erreichten die Nachrichten zuverlässig in Wien oder im Ausland dank ihrer Nichten. Ich war jedes Mal bestürzt. Manchmal konnte ich sie dann im Spital besuchen, manchmal war mir die Reise unmöglich. Ich spürte den endgültigen Abschied nahen. Was für eine furchtbare Vorstellung: Ein Leben ohne sie? Ohne die Gespräche? Ohne ihre Präsenz? Ohne uns? Ohne Sofa, ohne Kuchen, ohne Tee?

Sie rappelte sich nach jedem Sturz, nach jedem wochenlangen Im-Bett-Liegen wieder auf. Also saß ich schließlich wieder eines Nachmittags auf dem Sofa in ihrer Wohnung. Inzwischen mit einem Kind. Dann mit zweien. Schließlich mit dreien. Selten allein, aber in jenem seltenen Fall fragte sie: „Du bist müde? Komm leg dich hin, schlaf ein bisschen." Dann machte ich mich auf dem Sofa lang, während sie mir eine warme Decke holte und sich wieder in ihren Sessel gegenüber von mir setzte. Irgendwann schlief ich ein.

Dann kam ihre Familie häufiger zur Unterstützung im Alltag. Irgendwann kam der Pflegedienst zweimal täglich. Wir telefonierten ab und zu. Wenn ich kam, brachte ich den Kuchen mit. Doch dann bewirkte ein weiterer Sturz einen vorübergehenden Aufenthalt in einer Pflegeeinrichtung an der Stadtgrenze. Und schließlich musste diese vorübergehende Pflegeeinrichtung für sie zu einem neuen Zuhause werden. Ein paar vertraute Möbel, Bilder und die hübsche, lebensgroße Dekogans zogen mit um. Es sah beinahe aus wie früher in ihrer Wohnung. Nur telefonieren wurde schwieriger. Regelmäßig informierte mich weiterhin eine der Nichten über ihren Zustand. Ich schrieb nun Karten und brachte ihr bei meinem nächsten Besuch aus Tokio ein papiernes Fisch-Mobile mit, das in die Ecke gehängt wurde.

Am Ende des Sommers 2018 erreichte mich erneut eine Notfallnachricht. Dieses Mal im heißen Salzburg. In meinem Koffer waren Sandalen und ein kurzes Glitzerkleid vom besuchten Festspielkonzert. Ich überlegte kurz, aber stieg schließlich in den Zug ins verregnete, kühle Hamburg statt in den zurück nach Wien. Für mich war klar: Dies könnte wohl das letzte Mal sein. Ich muss zu ihr. Sie lag im Spitalbett und war sehr schwach. Ein erneuter Sturz, ein erneuter Bruch, alles schmerzte. Wenig Stationspersonal, eine Welt für sich. Statt einer Rose brachte ich ihr eine Muschel aus Irland mit. Wir redeten nicht viel. Irgendwann organisierte ich ihr auf der Station eine Buttermilch. Wir stießen mit Pfefferminztee und Buttermilch an und lachten. Ich gab ihr die Medikamente, richtete sie im Bett auf und strich ihr über das lange, graue Haar. Es fühlte sich weich und sanft an. Ich saß an ihrem Bett und streichelte ihre dünnen Beine. Dann schloss ich die Augen und wurde still. Wir wurden still. Sie schlief ein und ich fuhr zurück in mein Hotel.

Ab dem Zeitpunkt gab es keine Telefonate mehr. Ich vermisste ihre Stimme, ihre Nähe. Aber es gab einen fluoreszierenden Stern an der Decke über meinem

Wiener Bett. Den hatte sie mir vor vielen Jahren mit der Post geschickt und er ließ mich jeden Abend vor dem Einschlafen an sie denken. Dann war sie ganz nah. Es gab dann doch noch einen weiteren Besuch bei ihr: im kalten Februar 2019. Ich wollte sie noch einmal sehen und nahm die beiden Großen mit nach Hamburg. Sie sah alt aus. Und schön. Mit ihren klaren, blauen Augen wie immer. Ich sorgte für einen Moment zu zweit, schickte die anderen raus. Nur sie und ich. Vielleicht zum letzten Mal? Sie schien wenig orientiert, fuhr mich barsch an. Ich verstand es nicht und hielt inne, aber legte dann meine Hand auf ihre Beine: „Komm, wir schweigen noch zusammen." Wir schlossen die Augen. Ich spürte die gewachsene Distanz zwischen uns. Sie schien sich zu entfernen. Und das war okay. „Danke, dass ihr gekommen seid", waren ihre Worte an mich, als ich schließlich ihr Zimmer verließ. Unsere Blicke trafen sich noch einmal. Ich warf ihr eine Kusshand zu und ging. Es war Liebe auf den letzten Blick.

Am Ende stehen nur zwei Daten auf dem Grabstein

Im Frühjahr 2019 war ich auf der Trauerfeier meiner verstorbenen Patentante Alice in Hamburg. Es war ein sehr berührendes Ereignis. Anschließend gab es in warmer, herzlicher Atmosphäre mit ihrer Familie und früheren Arbeitskolleginnen in einem nahegelegenen Restaurant ein Zusammensitzen mit Kaffee, Tee und Kuchen. Nach einem langen Nachmittag verabschiedete ich mich und kehrte noch einmal zurück an das frische Grab meiner Patentante.

Die Sonne schien, der Wind wehte, die Vögel zwitscherten. Idyllische Friedhofsatmosphäre. Ich stand an ihrem Grab, das mit wunderschönen roten und weißen Rosen überhäuft war. Ich stand einfach da und stimmte irgendwann ein Lied an, das ich bereits vor vielen Jahren für Alice geschrieben hatte, ihr aber nie zu Lebzeiten vorgesungen hatte. Niemand kennt es. Es war schön an ihrem Grab zu singen. Beruhigend. Das Grab gegenüber von ihrem dürfte zu einem relativ jung verstorbenen Musiker gehören: Eine E-Gitarre schmückt den Grabstein. Ich freute mich für Alice über diese gute Gesellschaft. Es würde ihr gefallen.

Das Weggehen fiel mir schwer. Sie war noch so nah. Irgendwie schien auch die Zeit hier an diesem Ort stillzustehen. Das Wesentliche zeigte sich, war für mich fast schon greif- und fühlbar. Ich atmete ein, ich atmete aus. Ich war einfach da. Aber irgendwann ging ich doch. Ich wusste, ich würde wiederkommen. Wenn die Blumen verblüht und beseitigt wären, wenn dort ein Grabstein mit ihrem Namen und ihrem Geburts- und Todestag stände.

Ich wandelte eine knappe Stunde über den Friedhof zurück zu meinem Hotel. Der Friedhof in Hamburg-Ohlsdorf ist riesig, der größte Europas und, unglaublich, sogar der viertgrößte weltweit. Autos und Radfahrer fahren hindurch, sogar eine Buslinie führt über das gesamte Gelände. Viel Grün breitet sich hier aus: Bäume, Büsche, kleine Waldstücke, Wiesen und endlos viele kleine Blumen. An unzähligen Grabstätten wandelte ich vorbei, sah den Grabschmuck, die gepflanzten Blumen, ein Holzkreuz, Steine – und immer wieder zwei Daten: Geburtstag und Todestag. Am Ende bleiben uns zwei Daten. Diese sind sicher: Wir kommen irgendwann in diese Welt und verlassen sie irgendwann wieder. Doch was liegt dazwischen? Was ist wesentlich? Was erstrebenswert? Stundenlang wandele ich an diesem Tag Anfang Mai in einer Welt, in der Leben und Tod direkt nebeneinander stehen. Ob ich tiefere Erkenntnisse gefunden habe? Meine persönliche Antwort auf all diese Fragen? – Ich weiß es nicht. Aber wenn ich jetzt hier in Wien die Augen schließe, dann bin ich wieder dort: auf der Trauerfeier, am Grab meiner Patentante, auf dem großräumigen, grün bewachsenen Friedhof. Und ich kann nochmal spüren, wie die Welt stillsteht, wie sich alles auf einen einzigen Punkt konzentriert. Ich kann fühlen, wie einfach alles gut ist. Am Ende. Und auch jetzt.

Doch ich kann in dieser Zwischen-den-Gräbern-Atmosphäre im Kopf nicht verweilen: Ich putze dem Kleinsten die Zähne, bestelle eine Biokiste, kümmere mich um den nächsten Auftrag für mein Business, lerne neue tolle Menschen kennen. Ich dusche, esse, gehe auf die Toilette, schlafe. Das Leben geht weiter. Und das ist gut so.

Sechs Aspekte, die uns etwas leichter durch schwere Zeiten tanzen lassen

1. Wir dürfen uns im Durchhalten üben: „Auch das geht vorbei."
2. Wir dürfen offen für Unterstützung sein – insbesondere für Hilfe, die wir in dieser Form so nicht erwartet hätten oder wir uns anders vorgestellt haben.
3. Wir dürfen dem Geist regelmäßig ein wenig Urlaub gönnen, indem wir uns täglich Sachen zuwenden, in denen wir uns verlieren können und indem wir möglicherweise ins Flow-Erleben eintauchen.
4. Wir dürfen uns täglich dem Positiven in unserem Leben zuwenden, dem, was bereits da ist und woran wir uns erfreuen können: der Dankbarkeitspraxis.
5. Wir dürfen unseren Hobbys nachgehen oder uns ein Hobby suchen: eine Tätigkeit ausführen, jenseits jeglicher Funktionalität, einfach um ihrer selbst willen.
6. Wir dürfen lachen. Besonders hilfreich können dabei Kinder, uns vertraute Menschen, ausgewählte Filme oder Kabarettbeiträge sein.

PLATZ FÜR DEINE GEDANKEN, WÜNSCHE UND ZEICHNUNGEN

„Ebenso wichtig wie der ungestörte Feierabend und eine ausreichende Nachtruhe sind Pausen zwischendurch. Niemand sollte ein schlechtes Gewissen haben, wenn er im Laufe des Tages immer wieder einmal mit Hingabe die Wand anstarrt, aus dem Fenster glotzt oder seine großen Zehen beim Spiel mit den kleinen betrachtet, ohne dabei einen bestimmten Gedanken zu verfolgen. Auch in solchen Momenten räumt das Gehirn auf, schüttelt die Gedanken durch, die sich in ihm angesammelt haben – und ordnet sie gewinnbringend neu."

Christina Berndt (2019, S. 227–228)

Hindernisse in der Selbstfürsorge und der Wert sich von anderen umsorgen zu lassen

All diese Anschauungen über die Selbstfürsorge klingen vermutlich schlüssig, schön und einfach. Doch diese Aspekte in den eigenen Alltag zu integrieren, eigene Bedürfnisse und Wünsche wirklich umzusetzen, ist dann häufig gar nicht so schlüssig, schön und einfach. Es zeigen sich Hindernisse, aber sie gehören dazu. Egal, wie intensiv wir uns mit dem Thema befasst und egal, wie viele Aspekte wir vielleicht bereits in unserem Alltag davon etabliert haben, sie bleiben ein Teil des selbstfürsorglichen Weges.

Selbstfürsorge impliziert praktisch bereits Hindernisse: kleine oder größere Brocken auf unserem Weg, die wir bewältigen, kreativ umgehen oder aushalten lernen können. Am besten schauen wir uns jetzt mal diese Brocken genauer an und können sie vielleicht bereits dadurch ein Stück entwaffnen.

Die großen Hindernisse

Sie sind an unsere Biografie gebunden. Wie wir mit uns selbst umgehen, hat mitunter viel damit zu tun, wie wir in die Welt gekommen sind und ob es Vorbilder bezüglich der Selbstfürsorge gab, an denen wir uns orientieren konnten oder können. Gab/Gibt es Raum für die eigenen Bedürfnisse? Gab/Gibt es wirklich – innerlich gefühlt – ausreichend Raum dafür? Und wie erlaubt war/ist es in unserer Familie, die eigenen Bedürfnisse wahrzunehmen, diese zu äußern und/oder umzusetzen? Möglicherweise mussten wir in der Kindheit und Jugend in erster Linie für andere da sein? Vielleicht waren sehr feine Antennen sogar lebensnotwendig, um die großen Bedürfnisse unserer Mitmenschen im direkten Umfeld aufzunehmen und das von den anderen Gebrauchte umzusetzen?

Die Antworten auf diese Fragen können gute Erklärungen liefern, warum es uns als Erwachsene schwerfällt, uns regelmäßig in den Mittelpunkt zu stellen. Das kann Erleichterung schaffen. Manchmal tun die persönlichen Antworten auf diese Fragen aber auch weh. Es ist ein Schmerz über das Verwehrte, das damals Unmögliche und dadurch heute immer noch fast Unmögliche. Ja, ein Schmerz, der sich immer wieder meldet und auf Erlösung wartet. Manchmal brauchen wir hierfür eine vertrauensvolle, stabile Begleitung an unserer Seite. Einen (älteren) Menschen mit mehr Lebenserfahrung, eine/n Therapeut*in, eine Gruppe Gleichgesinnter. Immer brauchen diese vergangenen Realitäten meiner Erfahrung nach ausreichend Raum, Wärme und *viel* Zeit. Doch unabhängig davon, welchen Weg wir gehen, es bringt uns weiter, wenn wir uns durch unsere Antworten besser verstehen lernen: Warum wir so sind, wie wir sind. Erst dann können wir beginnen, Verantwortung für uns selbst und unsere Anliegen zu übernehmen. Weil unsere frühe Lebensgeschichte mitunter auf uns lasten kann, im Folgenden ein paar, wie ich finde, tröstende und entlastende Worte von Brechbühl und Pfeifer-Burri (2012):

„Wir haben nie in einer idealen Umgebung gelebt und werden es auch nie. Weder als Kind, noch als Erwachsene. Die gute Nachricht: Das erwachsene Selbst ist in der Lage, für sich Verantwortung zu übernehmen. Wir haben als Erwachsene die Möglichkeit mit Störungen umzugehen und sind nicht mehr auf Gedeih und Verderb auf fürsorgliche Betreuung angewiesen. Wir haben ein gewisses Mass an Wahl- und Gestaltungsmöglichkeiten und können uns aktiv für Selbstfürsorge entscheiden."

Die mittleren Hindernisse

Sie können an die Umgebung, in der wir gerade leben, oder an die derzeitige Lebensphase gebunden sein. Allein oder in einer Partnerschaft, mit Freund*innen oder Mitbewohner*innen, als Familie, mit winzigen, kleinen oder größeren Kindern, oder auch getrennt lebend, mit oder ohne Kinder. Vielleicht pflegen wir auch einen Elternteil? Oder versorgen ein anderes Familienmitglied oder eine Nachbarin, einen Bekannten, eine Freundin? All diese Aspekte beeinflussen die Rahmenbedingungen unserer Selbstfürsorge. Wir können uns fragen, wie viel Raum wir tatsächlich im Alltag selbstbestimmt gestalten können. Als frischer Vater oder als frische Mutter ist die Selbstfürsorge eine absolute Meisterklasse. Spätestens mit der Geburt des Kindes schrumpft der persönliche Gestaltungsraum auf ein Minimum: Die Natur setzt dann häufig eine kräftige Stimme in uns durch, wenn es um das Wohlergehen des Babys geht. Die Stimme, die sich für unser eigenes Wohlbefinden einsetzt, wird im Vergleich dazu dann sehr leise oder verstummt sogar manchmal monate- oder gar jahrelang.

Es ist, wie es ist. Die mittleren Hindernisse dürfen uns nicht langfristig entmutigen oder gar lähmen und uns so den Weg zur Selbstfürsorge gänzlich versperren. Wir können lernen, geschickt mit ihnen umzugehen. Manche dürfen wir zeitweise ignorieren und uns andere Wege suchen, bei manchen können wir den Sprung darüber wagen und werden es schaffen oder auch mal scheitern. Das Gute an den mittleren Hindernisse ist, dass sie sich im Laufe der Zeit verändern oder auch ganz verschwinden können.

Die kleinen Hindernisse

Sie sind zwar klein, aber dafür aufdringlich, widerborstig und zäh. Hindernisse, die unentwegt auftauchen, wenn wir uns unseren Bedürfnissen zuwenden wollen. Von ihnen gibt es eine ganze Menge und sie kommen in unterschiedlichen Gewändern daher. Hier ein Auszug aus dem, was viele Menschen in meinen Selbstfürsorge-Seminaren als Hindernisse erleben:

- Gedanken an das Unerledigte: Was wäre nicht noch alles zu tun, bevor wir auf uns schauen – Studium, Arbeit, Fristen, Anrufe, E-Mails, Einkäufe, Wegräumen, Putzen.
- Zeitfaktor: Ich habe doch so schon kaum Zeit für alles andere. Nun also noch mehr Aufgaben im Alltag? Zweifel, Unlust, Überforderung damit, jetzt auch noch Selbstfürsorge betreiben zu müssen.
- Überforderung in der Auswahl: Okay, klar, gern, Zeit für mich, aber was mache ich dann? Lesen, telefonieren, Film schauen? Musik hören, spazieren gehen? Freunde treffen, massieren lassen? Alles? Oder nichts davon?
- Die Meinung anderer: das, was guttut, bekommt keinen hohen Stellenwert in unserer Gesellschaft. Werde ich als faul betrachtet? Als egoistisch? Als Einsiedler*in? Zeit nur für mich – ist die wirklich so wichtig?
- Mein Ehrgeiz: *Dafür* habe ich nun wirklich keine Zeit. Es gibt noch so viel zu tun, so viel zu leisten, so viel zu beweisen.
- Der innere Zwang nach Effizienz: Was habe ich dann davon? Ist das wirklich eine bedeutungsvolle Tätigkeit? Wofür dient diese Aktion oder diese Zeit?
- Und dann noch Krankheiten, Stau oder geplatzte Reifen ...

Wie können wir den Hindernissen begegnen?

Wir können den meisten Hindernissen begegnen, indem wir unsere Selbstfürsorge ausreichend reflektieren und uns gewisse Strategien für den Alltag zurechtlegen. Um der Selbstfürsorge auch in schwierigen Situationen und unter Stress Raum zu geben, braucht es, wie Brechbühl und Pfeifer-Burri in einem Workshop zur Selbstfürsorge formulierten (2013), zum einen effektive Übungspraktiken und zum anderen die innere Entschlusskraft. Sie beschreiben dafür die folgenden Übungspraktiken:

- die Entschleunigung, im Sinne von bewusster Verlangsamung bei innerem und äußerem Stress,
- den Atem als Anker zu verwenden,
- das Bewohnen des Körpers mithilfe von Wahrnehmungs- und Körperübungen,
- das Praktizieren von Mitgefühl anhand von Übungen,
- die Vernetzung oder Verbindung mit Mitmenschen,
- das Befassen mit Büchern und Gedichten sowie
- sich Unterstützung zu suchen im Sinne von Beratung oder Therapie.
- Aus meiner Sicht möchte ich noch hinzufügen: die Musik! Sie ist in ihrer Vielfalt und engen Beziehung zum Menschsein ein wunderbares Medium zur Selbstfürsorge. Wenn wir (unseren Vorlieben oder der Stimmung entsprechende) Musik hören, machen oder singen, versetzt uns diese ins unmittelbare Erleben, und damit distanzieren wir uns schon ein Stück von mentalen Vorgängen. Musik kann Raum für Emotionen eröffnen, uns stabilisieren oder für Entspannung auf körperlicher oder psychischer Ebene sorgen.

Die innere Entschlusskraft brauchen wir, um zuzupacken, den rechten Moment zu ergreifen, unsere Anliegen in Taten umzusetzen. In meiner Studie zur Selbstfürsorge zeigte sich, dass sogenannte Reminder hilfreich für die Umsetzung von selbstfürsorglichen Tätigkeiten oder Haltungen im Alltag sein können. Hierbei geht es um Gegenstände, Bilder oder Worte, mit denen wir etwas Positives verbinden und die uns daran erinnern, auf uns selbst zu schauen. Als Reminder für die Selbstfürsorge dienten den Teilnehmer*innen der Studie zum Beispiel ein Stein, ein Seeigel, eine Kastanie, eine gusseiserne singende Figur, eine Ansichtskarte vom Meer oder ein Urlaubsfoto. Es muss jedoch einen persönlichen Bezug zu diesen Objekten geben: eine Lieblingstasse, ein Schreibheft, ein Foto vom letzten Urlaub, ein bevorzugtes Kleidungsstück, ein Musikstück, ein Zitat, das in uns Resonanz auslöst, ein vertrauter Platz zum Sitzen in der Öffentlichkeit oder zu Hause. Die Liste an möglichen Remindern ist unendlich und ihre Form kann sich im Laufe des Lebens verändern.

Zeitmangel

Heutzutage empfinden die meisten Menschen einen immensen Druck, in gefühlt wenig Zeit wahnsinnig viele, drängende Aufgaben erledigen zu müssen. Auch wird oft beschrieben, die Zeit würde mit zunehmendem Alter nur noch so an einem vorbeirasen. Dieser nahezu immer als negativ erlebte Zeitmangel lässt sich verändern, wenn wir uns anschauen, womit wir unsere Zeit verbringen und wofür wir uns Zeit nehmen wollen: das oftmals gepriesene Zeitmanagement. Denn häufig mangelt es nicht an Zeit, sondern an Priorisierung von Aktivitäten, Handlungen, Vorlieben, Bedürfnissen. Wenn wir genau hinschauen, merken wir, dass die Flut an Aufgaben nicht endet – und auch nie enden wird. Stets entwickelt sich Neues, das nach Erledigung ruft, egal, wie viel oder wie wenig wir tun und uns kümmern. Wenn wir die täglichen Aufgaben fleißig abarbeiten, dann ergibt sich vielleicht eine kleine Pause. Es wird kurz ruhiger, doch bald rattern die Anfragen, Erledigungen, Fristen wieder rein. Man könnte das auch schlicht „Leben" nennen.

Doch wie und womit wir unsere Tage ausfüllen, liegt sehr wohl in unseren Händen. Es hilft, regelmäßig innezuhalten und zu reflektieren, was wirklich wichtig ist. Wir erinnern uns doch am Ende des Tages lieber an die hellen, lichten Momente, an die gemeinsamen Erlebnisse, die Überraschungen im Leben, das Ungeplante – nicht an die aufgehängte Wäsche, die gesaugte Wohnung, den perfekten Einkauf und die aufgeräumte Küche. Ich gebe zu, die chaotische Küche schreit lauter als das entspannende Würfelspiel mit einem Kind. Und auch die Buchhaltung zieht mehr Aufmerksamkeit auf sich als mein gemütlicher Sessel mit einem Tee für die Pause zwischendurch. Erstaunlich finde ich, dass, wenn ich meinen Prioritäten Vorrang gebe, trotzdem Zeit für die anderen Sachen bleibt, die ja auch erledigt werden wollen. Das Innehalten, das Sich-Pausen-Gönnen gibt uns viel mehr Kraft, um dann nachfolgend die weniger erfüllenden Erledigungen auszuführen. Manches hat sich vielleicht bereits von selbst erledigt, anderes erscheint mit etwas Abstand und in einer entspannten Haltung als gar nicht mehr so drängend und damit dringend. Allerdings bedeutet Selbstfürsorge nicht grundsätzlich, dass man Pausen macht, es sich gut gehen lässt oder innehält. Möglicherweise ist die Erledigung bestimmter Aufgaben oder das Weiterarbeiten genau das, was jetzt dran ist und in unserer Selbstfürsorge steht.

Beglückendes Zeitmanagement

Zeitmanagement klingt eher wie ein Drittjob als wie die Erfüllung persönlicher Bedürfnisse. Doch der Autor und Wissenschaftler Tim Reichel vermittelt Zeitmanagement mit einer entspannten und differenzierten Haltung (2020). Er betrachtet Zeitmanagement als ein Tool zur Verwirklichung der eigenen Träume, Wünsche und Visionen: Wir wollen also nicht noch mehr Zeit sparen und effizienter werden, um wiederum noch mehr Aufgaben zu erledigen, sondern wir sortieren Unwichtiges aus, erledigen das Wichtige, vertagen das Aufschiebbare und lenken unseren Fokus wiederholt auf das, was uns selbst als wesentlich erscheint. Wir richten unseren Blick auf das, was uns erfüllt. Wir setzen Prioritäten. Dafür stellt Reichel in seinen Büchern ganz unterschiedliche Modelle vor, die den Umgang mit der eigenen Zeit erleichtern können. Dabei darfst du einfach verschiedene Ansätze ausprobieren und schließlich das auswählen, was sich in deinem Alltag leicht und möglichst natürlich umsetzen lässt.

IMPULS FÜR DICH: DIE MEHR-LISTE

An manchen Tagen scheinen die To-do-Listen unendlich lang zu sein. Es bleibt zu wenig Raum für die eigenen Bedürfnisse, für das, was uns wirklich am Herzen liegt. An diesen Tagen braucht es eine Mehr-Liste, denn wenn sich Geist und Herz verengen, kann sie dir zu mehr Weite, Freude und Leichtigkeit im Alltag verhelfen.

Mehr Regenbogenkuchen!
Mehr Rotwein!
Mehr Konzerte in fremden Städten!
Mehr Meer!
Mehr Blumen!
Mehr Sekt!
Mehr Mut!
Mehr Liebe!
Mehr Leichtigkeit!
Mehr Spaghetti!
Mehr Musik!
Mehr Freund*innen!
Mehr Schlaf!
Mehr Zeit auf der Toilette!
Mehr Lachen!
Mehr Schwimmen!
Mehr Reisen!
Mehr Eiskaffee!
Mehr Nagellack!
Mehr Taschen!
Mehr Neues!

Schreibe deine eigene Mehr-Liste. Setze dich hin und lass aus deinem Stift herausfließen, was da intuitiv alles hinauswill. Nicht lange nachdenken, einfach auf's Papier damit. Und wenn du magst, hänge dir deine aktuelle Mehr-Liste an einen Platz, auf den dein Blick im Alltag fällt.

PLATZ FÜR DEINE GEDANKEN, WÜNSCHE UND ZEICHNUNGEN

Tools für den Alltag

Ein weiteres Helferlein, das sowohl Struktur als auch mehr erlebte Fülle in den Alltag bringen kann, ist das *6-Minuten-Tagebuch* des Autors und Unternehmers Dominik Spenst (2017). Das Buch kann zu einem treuen Alltagsbegleiter werden, das uns mithilfe der Achtsamkeit und Positiven Psychologie darin unterstützt, besser auf uns zu achten, die eigenen Bedürfnisse konkret in Worte zu fassen und deren Erfüllung zu planen. Ich bin immer wieder erstaunt, wie viel ich genau deshalb realisiere, weil ich es in meinen täglichen Routinen schriftlich festgehalten habe. Zum einen erhalten meine Wünsche dadurch für mich mehr Gewicht und zum anderen erinnere ich mich viel besser an das Aufgeschriebene bzw. lese es zu einem späteren Zeitpunkt zufällig wieder und hole es zurück in mein Bewusstsein. Inzwischen ist auch wissenschaftlich bewiesen, dass das Niederschreiben von Ideen, Wünschen und Vorhaben einen deutlichen Effekt auf die wirkliche Umsetzung im Alltag hat. Auch anderen Menschen gegenüber davon zu erzählen und diese Vorhaben in Worte zu fassen, erhöht die Wahrscheinlichkeit, dass wir unsere Vorstellungen in die Tat umsetzen. All diese Tools stärken unsere innere Entschlusskraft unseren Bedürfnissen auch unter schwierigen Bedingungen Raum zu geben.

> **Selbstfürsorge sollte keineswegs ein weiteres Mittel zur Selbstoptimierung werden. Eher können wir anstreben, in einem stressigen, fordernden Alltag etwas mehr zu uns zu kommen. Wir dürfen mehr Aspekte der Ruhe in uns entfalten und gefühlsmäßig „eine Stufe tiefer" sinken: in Richtung Entspannung.**

Sich umsorgen lassen

Selbstfürsorge kann zu einem wichtigen, kraftvollen Teil in unserem Leben werden. Dieser Prozess des Zu-Sich-Hinspürens und des Für-Sich-Eintretens begleitet uns ein Leben lang. Mit der Zeit lernen wir uns mehr und mehr Gutes zu tun, wir achten auf unsere Grenzen, übernehmen Verantwortung für unser Tun und Sein. Eine selbstfürsorgliche Haltung kann uns in ein Leben mit größerer, innerer Zufriedenheit und Autonomie führen.

Autonomie – das ist die eine Seite. Aber können wir uns auch umsorgen lassen? Können wir die manchmal nötige Hilfe annehmen? Sind wir in der Lage, uns an andere zu wenden, wenn wir etwas nicht können oder es uns nicht gut geht? Wenn wir nicht weiterwissen und Trost oder Rat brauchen? Das ist die andere Seite.

Natürlich können wir das! Ja klar? Aber mal ganz ehrlich. Wem vertrauen wir uns in den Momenten an, in denen es uns nicht gut geht, in denen wir zweifeln, uns ängstigen, verunsichert sind? Wem vertrauen wir uns wirklich an, mit unseren äußerst persönlichen, inneren, tieferen Anliegen? Das braucht viel Vertrauen und Beziehung, Zeit, gemeinsame Geschichte, vor allem wenn es um große Entscheidungen oder Umwälzungen im eigenen Leben geht.

Es geht also nicht nur um Autonomie, wenn wir uns durchs Leben bewegen, sondern wir befinden uns immer zugleich in zwischenmenschlichen Beziehungen. Daher geht es auch darum, sich manchmal an vertraute, uns zugetane Menschen anzulehnen. Was nicht immer leicht anzunehmen oder auszuhalten ist. Viel zu viel haben wir erlebt, was uns Fürsorge von anderen automatisch mit Abhängigkeit und Ohnmacht verbinden lässt. Schnell stellt sich dann das Gefühl des Ausgeliefertseins ein. Allerdings wissen wir ja inzwischen, dass das soziale Netzwerk eine wichtige Säule der Resilienz bildet. Es hat einen großen, unermesslichen Wert, wenn wir uns darin üben, uns auf Menschen, die uns zugewandt und wohlgesonnen sind, einzulassen, zu vertrauen, für uns sorgen zu lassen – nicht ständig, aber dann, wenn wir es brauchen oder es uns wünschen. Wenn wir uns im Alltag Zeit und Raum nehmen für die uns wichtigen Menschen, fällt es uns leichter, uns in schwierigen Zeiten auf ihre Hilfe einzulassen.

Wir können also die Fürsorge von anderen auch als einen Teil der Selbstfürsorge betrachten: sich in zwischenmenschlichen Beziehungen für die eigenen Bedürfnisse einzusetzen und sich das zu nehmen, was wir brauchen. Das bedeutet vor allem, Worte für unsere Anliegen zu finden und diese gegenüber unseren Mitmenschen auch klar zu formulieren. Die Autorin Sabrina Fox beschreibt folgende Erfahrung: „Ich hatte früher gehofft […], dass die anderen verstehen, auch wenn ich kein Wort sage, was ich brauche. Das dachte ich, ist die ideale Form von Beziehung. Das dachte ich, ist Liebe. Das dachte ich, ist Nähe. Das ist es nicht. Das ist eine Unfähigkeit zu kommunizieren" (2021, 13:56–14:22).

Selbstfürsorge bedeutet nicht, auf durchgehende Harmonie und Frieden in zwischenmenschlichen Beziehungen zu setzen, sondern das Gegenteil: Wir sorgen für uns, indem wir uns bewusst Konflikten stellen und für unsere eigenen Bedürfnisse die Stimme erheben. Wir müssen also auch aktiv werden, um Unterstützung für unsere Interessen und Wünsche zu erhalten, doch der Einsatz lohnt sich allemal.

Professionelle Hilfe

Es braucht nicht immer die Hilfe und Unterstützung von Berater*innen, Coaches oder Therapeut*innen. Dennoch bietet diese reflektierte professionelle Leistung einen immensen Wert. Der Blick von außen, von jemandem, der in erster Linie keine persönlichen Anliegen uns betreffend hat, sieht uns durch andere Augen, dementsprechend fallen andere Aspekte auf. Ich verstehe jede/n sehr gut, die/der sich vor dem Gespräch mit einem fremden Menschen scheut, da es um wahnsinnig persönliche, tiefe Inhalte geht. Aber dieser klare, professionelle Blick von außen und ein Setting, in dem wir uns wohlfühlen, dass uns ein Stück Sicherheit und manchmal auch Geborgenheit vermittelt, kann durchaus hilfreich sein. In einer lang andauernden, persönlichen Krise kann ein/e Therapeut*in eine wichtige Stütze sein. Manchmal können Freund*innen diese Funktion (kurzzeitig) erfüllen, sodass wir keine Anlaufstelle brauchen, aber manchmal ist sie eben doch vonnöten. Was ist lang andauernd? Und wann ist es wirklich zu schlimm? Darauf gibt es keine eindeutigen Antworten. Maßstab ist allein das persönliche Empfinden von einer zu lang andauernden Schwere, Verzweiflung, Ausweglosigkeit oder den Gefühlen von Kraftlosigkeit und Überforderung, die nicht enden wollend sind. Vor allem bei dieser Einschätzung können Freund*innen helfen, wenn man es selbst noch nicht erkennt, aber der liebevolle Blick dennoch von außen da schon weiter ist und uns in die richtige Richtung, zur externen Hilfe, schubst. Und manchmal ist es auch gut, sich zu einem frühen Zeitpunkt Unterstützung von außen zu holen, weil es da häufig nur kleine Impulse braucht, die uns Hoffnung machen, die uns wieder neue Wege eröffnen und die uns weiterziehen lassen.

IMPULS FÜR DICH: FÜRSORGE VON ANDEREN MENSCHEN

Wie gut kannst du für dich Fürsorge von anderen Menschen in Anspruch nehmen? Welche Menschen dürfen im Alltag für dich sorgen?

PLATZ FÜR DEINE GEDANKEN, WÜNSCHE UND ZEICHNUNGEN

Stolpersteine im Leben – die Angst umarmen

Zeiten, in denen alles gut läuft und wir mehr oder weniger durch die Tage gleiten, erfüllen uns mit Glück. Sie sind wichtig und wohltuend – und wir haben sie wirklich verdient. Manchmal merken wir dabei aber gar nicht, wie gut wir es gerade haben, bis … Ja, bis eben alles nicht mehr so rund läuft. … bis an einer Stelle unseres Lebens etwas ins Stolpern gerät. … bis wir auf einmal an irgendeinem Punkt hängen bleiben.

Dann taucht sie auf: die Angst. Dass eben doch nicht alles leicht oder gut geht, wie wir in letzter Zeit dachten. Dass da doch ein Haken an dieser ganzen Sache namens Leben ist. Diese Angst vermag sich in tausend Facetten zu zeigen: Angst, dass wir nicht sicher und wohlbehalten in unserem Dasein sind. Angst, in unserer Wesensnatur nicht wirklich komplett angenommen zu sein. Angst, absolut allein zu sein mit unseren Problemen, unseren individuellen Komplikationen.

Im Körper zieht sich alles zusammen. Unsere Muskulatur spannt sich zu fest an, wir halten den Kiefer zusammengepresst. Letztendlich suchen wir (unbewusst) Halt in der Körperspannung. Wenn etwas im Außen bröckelig wird, hoffen wir darauf, Halt im Körpergerüst zu finden, aber zugleich wird der Geist eng. Es kommen dunkle Gedanken und die Gesamtstimmung verfinstert sich. Das passiert natürlich alles relativ unbeobachtet von uns selbst. Wir fühlen Angst. Wir haben Angst. Wir sind Angst.

Die Stolpersteine, die uns in diesen Zustand verfrachten, können verschiedener Natur sein. Manchmal erscheinen sie uns rückblickend fast lächerlich, zumindest belächeln wir sie ein wenig. Dann wenn vieles wieder runder läuft, erscheinen die Stolpersteine aus der Distanz deutlich kleiner. Zahnarztbesuche oder sogar schon ein Termin sind solch ein Stolperstein. Womöglich verbunden mit einem geplanten oder vorausgeahnten größeren Eingriff wird das dann zu einem großen Stolperstein, der uns an tiefe Ängste heranführen kann.

Häufig lassen uns auch Veränderungen im Alltag stolpern: ein Umzug, ein Jobwechsel, selbst ein Urlaub kann zum Stolperstein werden. Gewöhnliche Krankheiten wie eine Erkältung, die Magen-Darm-Grippe oder auch körperliche Einschränkungen wie ein verletztes Knie, überlastete Handgelenke usw. können der eine

Stolperstein sein, der uns dann zu Fall bringt. Ein weiterer Stolperstein: Konflikte! Mit der Partnerin, mit einem guten Freund, in der Familie. Das kann uns mächtig aus dem Gleichgewicht bringen. Manchmal schleichend, manchmal mit plötzlicher Wucht. Aber völlig unabhängig davon, was es ist, das uns aus der Bahn wirft: Wir fühlen Angst in ihrer ganz eigenen Intensität. Mal kleiner, mal größer – aber mal eben auch übermächtig.

Was können wir dagegen tun? Fast nichts. Doch wir können etwas *dafür* tun. Wir können dieses Gefühl der Angst annehmen und es für diesen Moment da sein lassen, es in unserer Vorstellung umarmen. Und atmen.

Angst ist ein Teil unseres Lebens. Wir erleben immer wieder Ängste in unserem Leben: Angst vor dem Scheitern, Angst vor dem Verlust eines geliebten Menschen, die große Angst vor dem Tod und noch so viele mehr. Verhindern können wir die Angst nicht, aber wir können üben, uns für diese tiefe Empfindung zu öffnen. Wir können lernen, der Angst in unserem Empfinden mehr Raum zu geben, anstatt sie krampfhaft und erfolglos zu bekämpfen, anstatt zu versuchen, die Angst auf kleinsten Raum zu beschränken.

Bildlich gesprochen können wir die Arme weit öffnen und laut rufen: „Hallo Angst. Willkommen Angst! Da bist du ja wieder." Wissend, dass Angst uns nicht zur Gänze ausmacht. Wissend, dass alle Menschen Angst erleben. Wissend, dass wir nicht allein sind damit. Wir können schauen, dass es uns rundherum möglichst gut geht, dass wir unsere körperlichen Grundbedürfnisse erfüllen: es warm haben, gut essen, genug schlafen, dass wir uns zum Spannungsabbau ausreichend bewegen. Vielleicht schenken wir uns selbst eine Shiatsu-Behandlung, eine Massage oder eine Yogastunde.

Es hilft immer wieder, zur Ruhe zu kommen und über den Atem einen Anker in uns auszuwerfen, selbst wenn dieses Ruheerleben dann nur Sekunden oder Minuten lang möglich ist. Außerdem dürfen wir nicht aus den Augen verlieren, dass die runden, glatten Zeiten mit ziemlich hoher Wahrscheinlichkeit wiederkehren werden: Dann dürfen wir ihnen anerkennend und jubilierend zunicken und dem Angstgefühl, das wieder aufs Kleinste zusammengeschrumpft ist, zärtlich über den Kopf streicheln.

IMPULS FÜR DICH: DEINE ÄNGSTE

Was macht dir persönlich Angst? Welche Ereignisse oder Situationen lösen in dir Gefühle von Beklemmung, Enge und Spannung aus? Was hat dir in der Vergangenheit in diesen Angstmomenten geholfen? Gibt es Menschen in deinem Umfeld, die dir bei bestimmten Themen Ruhe und Geborgenheit schenken können?

PLATZ FÜR DEINE GEDANKEN, WÜNSCHE UND ZEICHNUNGEN

Ist da jemand?

Manchmal ist Selbstfürsorge nicht alles, nicht die alleinige Lösung für das Schwierige im Leben. Nicht die Rettung. Nicht das, was uns allein durch's Leben trägt. In manchen Momenten brauchen wir Wärme, Geborgenheit, ungeteilte Aufmerksamkeit. Manchmal brauchen wir eben die Zuneigung und Fürsorge eines uns vertrauten Menschen.

Wenn wir uns Zeit für uns selbst nehmen und unsere ganz eigenen Bedürfnisse kennenlernen, dann wissen wir, was uns guttut. Wir fühlen, was wir brauchen. Wir schenken uns Zeit für Selbstfürsorge. Doch manches können wir nicht selbst abdecken, besänftigen, lösen. Denn manchmal bricht alles über uns herein, ist der Alltag eine Zumutung, eine einzige Überforderung. Wie eine hohe Welle können uns dann Gefühle von Einsamkeit, Hilflosigkeit, Überforderung oder gar Isolation überschwemmen. Dabei geht es nicht um große Schicksalsschläge oder einschneidende Lebenskrisen – nein, es sind eher diese kleinen, spitzen und doch tiefer gehenden Krisenmomente, die sich manchmal ganz unvermittelt im Alltag auftun können. Und wie schön ist es dann, wenn jemand da ist, an den wir uns wenden können, den wir anrufen, dem wir schreiben oder den wir treffen mögen.

Wir sind heutzutage optimal vernetzt und umgeben von vielen Menschen – da draußen. Da sollte das ja ganz leicht gehen. Doch sich in der Alltagsnot an einen vertrauten Menschen zu wenden, ist für einige von uns gar nicht so einfach. Mit zunehmendem Alter, mit gewachsener Lebenserfahrung und vermeintlicher Unabhängigkeit kann es immer schwieriger werden, sich hinzustellen und klar auszudrücken: „Ich brauche dich jetzt", „Ich kenne mich nicht aus", „Ich weiß nicht weiter." Das braucht Mut.

Wahrscheinlich gibt es nur einige wenige Menschen in unserem Leben, die wir in diesen Momenten ansprechen mögen. Bei denen sich so tiefes Vertrauen zeigt. Bei denen wir uns aufraffen und handeln: Wir schreiben eine Nachricht oder schaffen es vielleicht sogar zu einem Anruf. Wir reden, erzählen, vertrauen uns der anderen Person an. Wir dürfen klein und schwach sein, uns anlehnen, dürfen von den kleinen und großen Sachen berichten, die uns gerade bewegen. Diese Menschen können wir anrufen, dabei in Tränen ausbrechen oder heftig lospoltern. Am anderen Ende der Leitung treffen wir dann auf Verständnis und Zuwendung – keine Panik oder Zurückweisung.

Oh, und wie wunderbar ist der kurze Kontakt zu einem vertrauten Menschen in diesen Augenblicken. Eben fühlte sich alles noch eng und dunkel an, der Körper starr und hart, das Herz schwer und verschlossen. Wir hatten das Gefühl, mit dem Erlebten völlig allein auf der Welt zu sein. Aber dann hörten wir eine vertraute Stimme, lasen eine Antwort oder wurden vielleicht sogar umarmt. Plötzlich nehmen unsere Füße wieder Halt wahr. Wir spüren: Es ist alles okay. Es wird schon wieder. Ich bin okay. Ich schaffe das. Und nein. Ich bin nicht allein. Denn ja, da ist jemand.

Ich hätt' gern eine Semmel mit was Saftigem drin!

So ruft eine Verkäuferin an der Frischetheke im Bio-Supermarkt, sehnsuchtsvoll und gleichzeitig souverän ihrer Kollegin zu. Dann wendet sie sich an mich, um mich zu bedienen. „Ich auch", sage ich zu ihr. Sie schaut mich erstaunt an. „Ich will auch jemanden haben, dem ich zurufen kann, ich hätt' gern eine Semmel mit etwas Saftigem drin." Die Verkäuferin ist sichtlich irritiert. Sie lacht kurz nervös auf, dann schaut sie mich inständig an. Vermutlich in Erwartung einer biosupermarktentsprechenden Bestellung. Ich bestelle also ein Dinkelcroissant, zahle an der Kasse und verlasse das Geschäft.

Auf dem Weg zu meiner Klientin fühle ich mich erfreut und beseelt. Ich wiederhole mantramäßig den Ausruf der Verkäuferin. Meine Freude steigert sich zur Begeisterung. Ja, ich bin wahrlich begeistert von dieser Wortwahl. „Ich hätt' gern eine Semmel mit was Saftigem drin, ich hätt' gern eine Semmel mit was Saftigem drin, ich hätt' gern eine Semmel mit was Saftigem drin." Ich mag das Saftig. Ich mag die Semmel. Und ich mag die Kombination aus Semmel und Saftigem. Die haltende, trockene Semmel, die etwas Lebendiges, Saftiges umfasst.

Ich mag vor allem die Sehnsucht und Bestimmtheit in der Stimme der Verkäuferin und wie sie dies ohne Hemmung quer durch den Supermarkt ruft. Es ist ein klarer und selbstbewusster, ja, geradezu auffordernder Zuruf an die Kollegin. Mitten im geschäftigen Alltag. Während die Kund*innen in der Mittagspause durch's Geschäft ziehen. Ich höre in ihrem Ausruf in diesem Moment auch Freude und Zugehörigkeit heraus.

Die Situation beschäftigt mich noch eine Weile auch nach dem Besuch bei meiner Klientin. Ich denke: Ich will das auch! Ich überlege: Wenn ich meinem Freund jetzt eine Nachricht schicken würde, dann würde er vermutlich heute noch versuchen eine Semmel mit etwas Saftigem irgendwoher zu zaubern. In Anbetracht seiner Arbeitsfülle vielleicht erst morgen. Ziemlich unwahrscheinlich, dass er genervt auf eine Nachricht mit nur diesem einen Satz reagieren würde. Aber darum geht es mir ja nicht, denn es geht nicht *wirklich* um eine Semmel mit etwas Saftigem drin.

Es scheint vielleicht eher darum zu gehen, dass wir sagen, was wir brauchen, dass wir andere Menschen um etwas bitten, uns von lieben, vertrauten Menschen etwas wünschen. Und ja, eben auch bei scheinbar simplen, unwichtigen Dingen uns an unsere Mitmenschen wenden. Keine Angst haben zu stören, zu viel zu wollen, zu aufdringlich zu sein, unpassend zu sein. Keine Zurückhaltung an der falschen Stelle.

Ich hätt' gern einen Milchkaffee mit besonders viel Schaum!

Ich hätt' gern ein Schokoladencroissant!

Ich hätt' gern eine heiße Badewanne!

Ich hätt' gern eine Umarmung!

Ich hätt' gern eine Fußmassage!

Und wenn wir Mangel oder Leere ins uns fühlen, dann rufen wir einfach: „Ich hätt' gern eine Semmel mit was Saftigem drin!"

IMPULS FÜR DICH: DEINE WÜNSCHE

Was hättest du gern? Wie lauten deine Wünsche im Alltag? Was macht dich glücklich und was kannst du dir vielleicht von anderen auf Wunsch zukommen lassen?

PLATZ FÜR DEINE GEDANKEN, WÜNSCHE UND ZEICHNUNGEN

Streicheln

Wir hatten uns endlich nach unzähligen Monaten, in denen wir nur telefonieren und einander Nachrichten schreiben konnten, wiedergesehen. Nun hatten wir die Möglichkeit für ein gemeinsames Wochenende in einer Stadt zwischen unseren Wohnorten. Wir hatten in diesen Tagen viel geredet, gelacht, zusammen gegessen, am Abend sogar Fußball geschaut. Es war wie immer. Entspannt, vertraut, natürlich. Am Sonntag, ein paar Stunden vor unserem herannahenden Abschied, zog sie eine Decke aus ihrer Tasche und breitete sie auf der Wiese bei der Donau aus. Es war warm, wir hatten Kaffee in unseren Bechern, Gebäck in der Hand und frühstückten hungrig – viel zu spät, aber auch das war normal für unsere gemeinsam verbrachte Zeit.

Wir redeten über alles Mögliche. Und dann wurde es ernst. Wir sprachen nun, nach diesen zwei gemeinsamen Tagen, über ein schwieriges Thema, das in letzter Zeit zwischen uns gestanden hatte, bei dem auf beiden Seiten Gefühle von Enttäuschung, Unverständnis über das Verhalten der anderen, ja, ein gewisser Schmerz vorherrschte. Zwischen uns beiden, die wir uns doch seit 30 Jahren durchgehend, auf liebevollste und lebendigste Art und Weise verbunden fühlten. Die auch über eine Wohndistanz von 400 Kilometern oft wussten, was die andere so ungefähr trieb oder welche Ereignisse die Woche anstanden. Tief verbunden und nah, aber doch manchmal so grundverschieden im Wesen, den Visionen vom Leben und manchmal den Werten. Die Enttäuschung und das Unverständnis machten dies fühlbar, das Anderssein, das Zweisein. Es war ein ernstes Gespräch, ein gutes, und das Thema vorerst abgeschlossen.

Dann redeten wir weiter. Ich erzählte von den letzten Monaten, von einer intensiven, herausfordernden Zeit, redete und redete. Bis es schließlich tränenvoll aus mir herausbrach: mein Schmerz und die vielen immer wiederkehrenden Fragen, die ich so lange mit mir herumgetragen hatte. Fragen, auf die es keine wirklichen Antworten geben konnte, die immer wieder die Vergangenheit beleuchteten und keinerlei Antworten finden wollten. Fragen, die in die Zukunft wiesen und doch oftmals so nutzlos für die Gegenwart waren. Und sie? Sie rückte an mich heran und legte mir den Arm um die Schultern. Sie streichelte mich, massierte meine Schultern, auf denen monatelang so viel Schwere gelastet hatte. Und sie hörte nicht auf, streichelte mich lange und hörte zu.

Schließlich sprach sie klare, warme, tröstende Worte, wie nur sie es kann. Sie berührte mich liebevoll und verstand, was ich inzwischen auch verstanden hatte. Und weil sie verstand, was ich verstanden hatte, aber nur schwer akzeptieren konnte, weil sie *wirklich* verstand, was ich an ihrer liebevollen Berührung spüren konnte, fiel auf einmal all die Last der letzten zwei Jahre von meinen Schultern.

Jetzt noch spüre ich diesen Moment, und ich weiß, es ist einer dieser bleibenden Momente im Leben gewesen, wie ihre warmen Hände und die Resonanz ihrer bestärkenden Worte in mir. Die Fragen sind seither sehr leise geworden.

Playlist für dich: Songs für schwierige Tage

Ich höre viel, also wirklich viel Musik und erlebe immer wieder, wie tröstend, beruhigend, erhebend oder auch ermächtigend sie wirken kann. Die folgenden Songs habe ich extra für dich ausgewählt. Es ist Musik für ganz unterschiedliche Situationen im Leben, in denen wir Zuspruch brauchen. Lass dich überraschen! Du findest die Playlist auch auf Spotify und auf meinem YouTube-Kanal „Für mich da".

Aber vielleicht magst du ja auch deine eigene Playlist für schwierige Tage erstellen und sie mit mir auf den Sozialen Medien teilen?

„Wann strahlst du?" – Das Paradies

„Überwintern" – Emma6

„Sekundenstill" – Tonbandgerät

„Alles ist jetzt" – Bosse

„Nur die Musik" – Joris

„Beweisen" – Moritz Krämer

„Ausgang" – Alex Mayr

„An manchen Tagen" – WIM

„Für immer hier" – Bruckner

„Wo die Liebe hinfällt" – Marcel Brell und Alin Coen

„Gelassenheit" – Pohlmann

„Es reicht" – Fräulein Hona

„Das Licht dieser Welt" – Gisbert zu Knyphausen

„Der letzte Optimist" – Thees Uhlmann

„Wer lacht, der schafft Distanz zur Welt –
und findet Raum zum Atmen."

Harald Martenstein (2018, S. 150)

Ausblick

Du bist am Ende dieses Buches angelangt – auch wenn es eigentlich kein Ende gibt, denn du kannst vor- und zurückblättern, es weglegen, irgendwann wieder hervorholen, dann und wann einen Abschnitt lesen. Dieses Buch darf dich in zögerlichen, freudigen, ruhigen, zweifelnden, neugierigen Momenten begleiten. Ja, in all den bunten und nicht so bunten Momenten des Lebens.

Ich freue mich über deine Gedanken und Erfahrungen mit diesem Buch. Es zeigt dir meinen persönlichen Blick auf die Welt und das Leben. Ich interessiere mich dafür, wie du sie siehst, was du denkst und was du fühlst.

Wenn du magst, schreib mir an kontakt@fuermichda.com oder tagge mich auf einem meiner Accounts in den Sozialen Medien (Facebook: @fuermichda, Instagram: @fuermichda_com).

Wie singt der Musiker Gisbert zu Knyphausen in seinem Lied „Das Licht dieser Welt" so schön? „Ich wünsch' dir den Mut, dir zu nehmen, was du brauchst." – Ja, genau das wünsche ich dir auch!

Alles Liebe!
Vivian Mary Pudelko

Wien, im Juni 2022

Danke

Danke an meine großartigen Freund*innen.

Danke an meine drei Kinder.

Danke an Stefanie Jaksch vom Kremayr & Scheriau Verlag für die warme und lebendige Zusammenarbeit.

Literatur-verzeichnis

Berndt, Christina (2019). *Resilienz. Das Geheimnis der psychischen Widerstandskraft. Was uns stark macht gegen Stress, Depressionen und Burn-out*. 8. Aufl. München: dtv.

Bonk, Katharina (2019). Wie bekommt man Lust auf Sex, Katharina Bonk? Podcast: *Endlich Om*. 14.2.2019. https://endlichom.podigee.io/15-katharinabonk, zugegriffen: 6.6.2022.

Brechbühl, Gandhera, & Pfeifer-Burri, Silvia (2012). Warum Selbstfürsorge so wichtig ist und uns dennoch oft schwerfällt. *ibp magazin, 3*: 8–10. https://www.ibp-institut.ch/files/client_data/Dokumente/IBP/Publikationen%20Shop%20Downloads/IBP%20Artikel/Artikel_Warum%20Selbstf%C3%BCrsorge%20so%20wichtig%20ist%20und%20uns%20dennoch%20oft%20schwer%20f%C3%A4llt_Magazin%203_SP_120915.pdf, zugegriffen: 14.6.2022.

Brechbühl, Gandhera, & Pfeifer-Burri, Silvia (2013). *Selbstfürsorge und Selbstmitgefühl*. Handout vom IBP Workshop „Ohne Wenn & Aber". Ein Workshop zum Thema Selbstfürsorge.

Chödrön, Pema (2019). *The Exercise That Could Help You Transcend Resentment*. https://www.youtube.com/watch?v=vN6hTFfqgd0, zugegriffen: 20.5.2022.

Damasio, Antonio R. (2015). *Descartes' Irrtum. Fühlen, Denken und das menschliche Gehirn*. 8. Aufl. Berlin: List.

Fox, Sabrina (2021). Selbstwert leben. *Sinn und Sein*. Podcast. 22.10.2021. https://www.podcast.de/episode/587278094/selbstwert-leben, zugegriffen: 6.6.2022.

Germer, Christopher (2015). *Der achtsame Weg zum Selbstmitgefühl. Wie man sich von destruktiven Gedanken und Gefühlen befreit*. Freiburg: Arbor.

Germer, Christopher (2016). Wie wir Selbstkritik in Selbstmitgefühl umwandeln. https://www.arbor-verlag.de/wie-wir-selbstkritik-selbstmitgefuehl-umwandeln-und-wieso-das-gut-ist, zugegriffen: 30.11.2016.

Hanson, Rick (2014). *Hardwiring Happiness. How to reshape your brain and your life*. London: Rider

Hoffmann, Stefanie (2010). *Selbstfürsorge und ihre Bedeutung für die musiktherapeutische Haltung*. Unveröffentl. Diplomarbeit. Wien: Universität für Musik und darstellende Kunst.

Kabat-Zinn, Jon (1998). *Im Alltag Ruhe finden. Das umfassende praktische Meditationsprogramm*. Freiburg im Breisgau: Herder.

Kabat-Zinn, Jon (2011). *Gesund durch Meditation. Das große Buch der Selbstheilung*. München: Knaur.

Kalisch, Raffael (2020). *Der resiliente Mensch*. 3. Aufl. Berlin: Piper.

Kaul, Eva (2012). Selbstfürsorge – von der Philosophie zur Praxis. *Magazin IBP Institut – integrating body & mind, 3,* 3–5. https://www.yumpu.com/de/document/read/29107057/magazin-3-ibp-institut, zugegriffen: 14. Juni 2022.

Khalsa, Sat Bir (2013). Yoga for psychiatry and mental health: an ancient practice with modern relevance. *Indian J Psychiatry, 55*(3), 334–336. http://www.ncbi.nlm.nih.gov/pmc/articles/PMC3768207/, zugegriffen: 8.3.2022.

Küchenhoff, Joachim (1999). Die Fähigkeit zur Selbstfürsorge – die seelischen Voraussetzungen. In J. Küchenhoff (Hrsg.), *Selbstzerstörung und Selbstfürsorge*. Gießen: Psychosozial-Verlag.

Mannschatz, Marie (2002). *Lieben und Loslassen*. Berlin: Theseus.

Martenstein, Harald (2018). Trotzdem lachen – die heilsame Macht des Humors. *GEO Wissen, 62* („Lebenskrisen überwinden").

Neff, Kristin (2012). *Selbstmitgefühl. Wie wir uns mit unseren Schwächen versöhnen und uns selbst der beste Freund werden*. München: Kailash.

Neff, K., & Germer, C. (2019). *Selbstmitgefühl. Das Übungsbuch. Ein bewährter Weg zu Selbstakzeptanz, innerer Stärke und Freundschaft mit sich selbst*. Freiburg im Breisgau: Arbor.

Nestmann, F. (1996). Psychosoziale Beratung – ein ressourcentheoretischer Entwurf. *Verhaltenstherapie und psychosoziale Praxis, 28*.

Priestley, M. (1983). *Analytische Musiktherapie: Vorlesungen am Gemeinschaftskrankenhaus Herdecke*. Stuttgart: Klett-Cotta.

Pudelko, Vivian Mary (2014). *Zu sich kommen mit Yoga. Selbstfürsorgestrategien für Musiktherapeuten und Musiktherapeutinnen auf einer psychiatrischen Station*. Unveröffentl. Masterarbeit. Zürich: Zürcher Hochschule der Künste.

Reichel, Tim (2020). *Busy is the new stupid. Wie Du endlich mehr Zeit für das Wesentliche gewinnst*. München: FinanzBuch.

Reivich, Karen, & Shatté, Andrew (2002). *The Resilience Factor. 7 keys to finding your inner strength and overcoming life's hurdles*. New York: Three Rivers.

Rupp, Nicole (2010). *Wer spart, verliert. Glück und Geld ins Leben holen*. Freiburg: Kreuz.

Rytz, Thea (2006). *Bei sich und in Kontakt. Körpertherapeutische Übungen zur Achtsamkeit im Alltag*. Bern: Hans Huber.

Schmid, Wilhelm (2018). Was dem Leben Sinn gibt. *GEO Wissen, 61* („Zeit für die Seele").

Spenst, D. (2017). *Das 6-Minuten Tagebuch*. Hamburg: Rowohlt.

Sriram, R. (2013). *Yoga boomt*. 3Sat. 21.3.2013. https://www.youtube.com/watch?v=mPFjdu02Dfg, zugegriffen: 14.3.2022.

Stephani, Ilan (2017). *Lieb und teuer. Was ich im Puff über das Leben gelernt habe*. Elsbethen: ecoWing.

Von Schirach, Ariadne (2022). *Glücksversuche. Von der Kunst mit seiner Seele zu sprechen*. 3. Aufl. Leipzig: Tropen.

Weiterführende Literatur

Asgodom, Sabine (2020). Queen of fucking everything. So bekommst du das großartige Leben, das zu dir passt. München: dtv.

Chödrön, Pema (2001). *Wenn alles zusammenbricht. Hilfestellung für schwierige Zeiten*. München: Goldmann.

Gussone, B., & Schiepek, G. (2000). *Die „Sorge um sich". Burnout-Prävention und Lebenskunst in helfenden Berufen*. Tübingen: Dgvt.

Henderson, Julie (2012). *Embodying well-being oder Wie man sich trotz allem wohlfühlen kann*. 4. Aufl. Bielefeld: AJZ.

Hölzel, Britta, & Brähler, Christine (2015). (Hrsg.). *Achtsamkeit. Mitten im Leben. Anwendungsgebiete und wissenschaftliche Perspektiven*. München: O. W. Barth.

Kast, Verena (2013). *Seele braucht Zeit*. Freiburg im Breisgau: Kreuz.

Knaup, Ruth (2017). *Now! Jetzt sorg ich gut für mich*. München: Scorpio.

Pfretzschner, Helga (2001). Yoga-Üben in Schritten. Der Einheit auf der Spur – über 40 āsanas im Detail. Petersberg: Via Nova.

Plinz, N. (2009). *Yoga bei Erschöpfung, Burnout und Depression*. Bonn: Balance Buch und Medienverlag.

Reichhart, Tatjana, Dr. med. (2019). *Das Prinzip Selbstfürsorge. Wie wir Verantwortung für uns übernehmen und gelassen und frei leben*. München: Kösel.

Schäfer, Stefanie C. (2020). *Wut. Das Tor zu deiner Kraft*. München: Scorpio.

Scheuermann, Ulrike (2019). *Self Care. Du bist wertvoll: Das Selbstfürsorge-Programm*. München: Knaur.

Siepmann, Anja (2016). *Gelassen arbeiten*. München: Scorpio.

Siepmann, Anja (2017). *Achtsamkeit in der Liebe. Für eine erfüllte Partnerschaft*. München: Scorpio.

Thích Nhất Hạnh (2012). *Friede mit jedem Atemzug*. München: Goldmann.

Trökes, Anna (2009). *Yoga. Kraft für die Seele*. 5. Aufl. München: Gräfe und Unzer.

Weiser, Regine (2012). *Mit Yoga Lebensängste bewältigen*. Ostfildern: Patmos.

Wetzel, Sylvia (2007). *Leichter leben. Praktische Meditationen zum Umgang mit Gefühlen*. Freiburg im Breisgau: Herder.

Wortmann, Konstanze (2018). *Letzte Zuflucht Firmenklo? – Selbstfürsorge in herausfordernden beruflichen Situationen*. Paderborn: Junfermann.

PLATZ FÜR DEINE GEDANKEN, WÜNSCHE UND ZEICHNUNGEN

www.kremayr-scheriau.at

ISBN 978-3-218-01349-9
Copyright © Verlag Kremayr & Scheriau GmbH & Co. KG, Wien
Alle Rechte vorbehalten
Schutzumschlaggestaltung, typografische Gestaltung und Satz: Sheila Ehm,
unter Verwendung einer Abbildung von Shutterstock/Shablon
Kernillustrationen: S.R. Ayers
Projektentwicklung: Stefanie Jaksch, Lektorat: Britta Fietzke
Druck und Bindung: Druckerei Florjancic, Maribor